Reinhard Körner

Wie Jesus auferstand

Ein Osterbuch für Kleinbauern und solche, die es werden wollen

Bibliografische Information der Deutschen Nationalbibliothek
Die Deutsche Nationalbibliothek verzeichnet diese Publikation in der Deutschen Nationalbibliografie; detaillierte bibliografische Daten sind im Internet unter http://dnb.d-nb.de abrufbar.

Besuchen Sie uns im Internet:
www.st-benno.de

Gern informieren wir Sie unverbindlich und aktuell auch in unserem Newsletter zum Verlagsprogramm, zu Neuerscheinungen und Aktionen.
Einfach anmelden unter www.vivat.de.

ISBN 978-3-7462-6067-9

Umschlaggestaltung: Ulrike Vetter, Leipzig
Covermotiv: © stock.adobe.com/Peter Kirschner
Gesamtherstellung: Kontext, Dresden (B)

Reinhard Körner

Wie Jesus auferstand

Ein Osterbuch für Kleinbauern und solche, die es werden wollen

benno

Auferstehung – ein schwieriges Thema. Auch für Kleinbauern. Aber wenn man überhaupt mit jemandem darüber reden kann, so richtig ernsthaft, meine ich, dann sind sie es; denn sie wissen aus der Erfahrung im eigenen Herzen, worum es dabei geht.

Das habe ich schon in meiner Jungkleinbauernzeit so erlebt. Als damals in unserem Dorf Lehmanns Margret starb, gerade mal zehn Jahre alt, konnte niemand von uns Dorfkindern glauben, dass sie nun einfach weg sein sollte. Die evangelischen nicht und alle anderen erst recht nicht. Meine Schwester und ich, die einzigen katholischen Kinder im Dorf, sowieso nicht, denn unsere Eltern sagten uns, dass Margret jetzt im Himmel sei und dass das etwas mit Gott und mit der Auferstehung von Jesus zu tun habe. Uns beiden war dann alles klar. Den anderen zwar nicht so sehr, aber in ihren Herzen spürten sie trotzdem, dass Margret auch weiter da war, zwar unsichtbar, aber doch irgendwie da.

Und das hat sich dann im Laufe meines Lebens immer wieder bestätigt. Kleinbauern spüren genau, dass nicht alles aus und vorbei sein kann, wenn ein lieber Mensch gestorben ist. Herzenskleinbauern jedenfalls, ganz gleich, ob sie Städter oder Dorfbewohner sind. Solche, die Herz im Verstand haben und Verstand im Herzen. Katholische wie evangelische und sonst irgendwie gläubige. Und normale, die nicht gläubig sind, auch.

Bloß haben sehr viele Kleinbauern ein Problem, wenn sie hören, wie man in der Kirche über die Verstorbenen spricht oder über die Auferstehung von Jesus, in den Gottesdiensten und so; oder die normalen Kleinbauern, wenn sie mal bei einer kirchlichen Beerdigung dabei sind: Dann kommen sie einfach mit dem Verstand nicht mit. Weil das, was sie da hören, nicht so richtig rein will in ihren Kopf. Und den Verstand einfach draußen lassen, vor der Kirchentür oder vor der Friedhofshalle, das geht nicht – bei Kleinbauern überhaupt nicht.

Neulich zum Beispiel rief mich Frau M. an. Sie hatte mein Weihnachtsbuch für Kleinbauern gelesen, das ich, bevor es gedruckt wurde, ins Internet gestellt hatte, und als ich ihr von meinem Plan erzählte, nun auch ein Osterbuch für Kleinbauern zu schreiben, kriegte sie sich gar nicht wieder ein: „Himmlisch!", rief sie durchs Telefon. Womit sie gleich beim Thema war: „Wie Jesus zur Welt kam, das habe ich jetzt verstanden, aber wie kam er eigentlich in den Himmel? Irgendwie ahne ich's ja, aber verstehen tät ich's schon auch gern ..." – Da haben wir's, dachte ich, genau so geht es Kleinbauern! Gerade auch solchen aus der Stadt wie Frau M.: Irgendwie ahnen sie, was Auferstehung ist, aber der Verstand eben, der ist das Problem. Der blockiert bei manchen sogar das Herz, wenn er nicht genug Futter zum Nachdenken bekommt – noch dazu, wenn sie etwas glauben sollen, das sie beim besten Willen nicht verstehen können.

Da muss Abhilfe her, sagte ich mir nun erst recht. Und zwar schnellstens. – Unserem Herrn S., den wir schon aus allen früheren Kleinbauernbüchern kennen, erzählte ich dann ebenfalls von meinem Vorhaben; ich schrieb ihm: „Vielleicht sollte einem Weihnachtsbuch für Kleinbauern ein Osterbuch für Kleinbauern folgen ... Mal sehen, was der Heilige Geist dazu sagt." Darauf antwortete er mir: „Dass der Heilige Geist deinem Projekt eines Osterbuchs für Kleinbauern positiv gegenübersteht, halte ich für sehr wahrscheinlich." Herr S. ist ein Städter mit einem Kleinbauernherzen, wie wir ja wissen, und da solche Leute sich auskennen mit dem Heiligen Geist, packe ich's also an!

Ich beginne am besten gleich mit dem Wort

„auferstehen“

– denn irgendwie klingt dieses Wort ja doch seltsam. Na gut, wir Christen merken das nicht. Christliche Kleinbauern meistens auch nicht. Aber normale schon! Und wenn man hin und wieder mal mit ihnen redet, dann sagen sie einem das auch.

Mich zum Beispiel fragte mal einer ganz direkt, warum wir denn „so geschwollen“ reden und nicht einfach „aufstehen“ und „aufgestanden“ sagen. Da erst merkte ich – ich war schon um die Fünfzig! –, dass auf-*er*-stehen gar kein richtiges deutsches Wort ist. Und das, obwohl es doch zigmal in der Bibel vorkommt! In der evangelischen Lutherbibel wie in der katholischen Einheitsübersetzung.

Ich habe dann gleich in mein griechisches Neues Testament geschaut, wie ich es immer mache, wenn mir in Glaubensangelegenheiten etwas nicht ganz geheuer erscheint, also in den Originaltext vom zweiten Teil der Bibel, den Leute wie Paulus, Markus, Matthäus, Lukas und andere frühe Christen über Jesus geschrieben haben. Und siehe da: Das griechische Wort *anístemi*, das in den deutschen Bibeln mit „auferstehen“ übersetzt wird, bedeutet *aufstehen*. Wenn nämlich damals ein griechischer Kleinbauernjunge sagte: „Ich bin heute schon sehr früh aufgestanden, weil im Stall das Lamm geblökt hat“, dann benutzte er genau dieses Wort, laut meinem Griechischwörterbuch. Der Kleinbauernjunge Jesus natürlich nicht, denn der sprach ja aramäisch.

Aber gut, bleiben wir beim Neuen Testament und bei Jesus selbst, damit auch solche Leserinnen und Leser uns glauben können, die es nicht so mit den Vergleichen aus dem Kleinbauernleben haben: Da lesen wir zum Beispiel an einer Stelle (im 1. Thessalonicherbrief, Kapitel 4, Vers 14), dass Jesus

„gestorben und auferstanden ist“; so steht es auf Deutsch in der katholischen wie in der evangelischen Bibel. Im griechischen Text steht hier für „auferstanden“ das Wort *anéste*, eine konjugierte Wortform von *anístemi*. Und an einer anderen Stelle (im Lukasevangelium, Kapitel 4, Vers 16) wird erzählt, dass Jesus in der Synagoge von Nazaret „aufstand“, um vorzulesen; auf Evangelisch: Jesus „stand auf, um zu lesen“. Im griechischen Text steht: *anéste* – wieder genau dasselbe Wort! Und es wird uns ja wohl keiner weismachen wollen, dass Jesus in der Synagoge auf-*er*-stand, um vorzulesen!

Halten wir erst einmal fest: In der Bibel steht, Jesus ist *aufgestanden*. In der lateinischen Bibelübersetzung ebenfalls. Und soweit ich weiß, sagt man auch in anderen Sprachen nicht auf-*er*-standen. Deutsche normale Kleinbauern haben demnach völlig recht, wenn sie sich darüber wundern, dass wir in das Wort „aufstehen“ ein „er“ einfügen. Und wir sollten ruhig zugeben, dass sie recht haben, denn dann lassen sie sich auch gern von uns sagen, dass auf-*er*-stehen nicht „geschwollen dahergeredet“ ist, sondern dass wir damit ausdrücken wollen, dass es auch ein ganz besonderes Aufstehen gibt: das „Aufstehen“ aus dem Tod. Als ich dem, der mich damals fragte, so oder so ähnlich geantwortet hatte, rief er gleich: „Cool!“ – was ja auch kein richtiges Deutsch ist.

Ähnlich ist es mit dem Wort *auferwecken*. Da setzen wir ebenfalls ein „er“ mit hinein, obwohl eigentlich gar keins hineingehört. Das biblische Originalwort heißt *egeíro* und bedeutet *aufwecken*, nicht auf-*er*-wecken. Ein griechischer Kleinbauernjunge würde mit genau demselben Wort auch sagen: „Unser Lamm hat mich heute mit seinem herzergreifenden ‚Määäh‘ schon sehr früh aufgeweckt.“

Aber um ganz sicher zu gehen, dass ich mich nicht irre, habe ich auch noch in den theologischen Büchern nachgeschaut. Und: Volle Bestätigung! Die Worte *anístemi* und *egeíro*, so las ich zum Beispiel bei einem Theologen – einem Jesuiten noch dazu –, waren damals, schreibt er, „auch in der allgemeinen, alltäglichen Bedeutung gebräuchlich". Und da Jesuiten sowieso schlauer sind als wir Karmeliten, glaubte ich ihm sofort. Er heißt Norbert Baumert und ist inzwischen schon selbst auferstanden, genauso wie ein paar Jahre zuvor seine Eltern in Görlitz, die ich, als ich dort Kaplan gewesen war, beerdigt hatte.

Klar, aufwecken und aufstehen haben was mit dem Schlafen zu tun: Wenn mich das Lamm oder sonst jemand Wichtiges aus dem Schlaf aufweckt, dann stehe ich auf. Aber auch wenn jemand gestorben ist, sagen wir doch, er ist „eingeschlafen", und wenn der dann aus dem Todesschlaf aufgeweckt wird und aufsteht, nennen wir das eben auf-*er*-wecken und auf-*er*-stehen – weil es ja wirklich etwas ganz Besonderes ist.

Durch das Gespräch mit diesem normalen Menschen damals war mir auch wieder in Erinnerung gekommen, was ich eigentlich schon im Theologiestudium gelernt hatte: Die griechischen Wörter für Auferstehung und auferstehen – *anástasis* und *anístemi* – kommen im Neuen Testament nur selten vor. Sehr häufig kommt dagegen das griechische Wort für auf(er)wecken vor, also *egeíro*. Und zwar sowohl in der aktiven wie in der passiven Form. Auf(er)wecken ist die *aktive* Wortbedeutung, und die *passive* Bedeutung ist aufgeweckt (auferweckt) werden – das hatte ich schon vor dem Theologiestudium im Griechischunterricht gelernt. Im Neuen Testament gibt es beides, es heißt dort: *Er hat ihn* (Jesus) *auferweckt* – wobei wir uns schon denken können, wer mit „Er" gemeint ist – und auch: *Er* (Jesus) *ist auferweckt worden.*

So weit, so gut. Aber nun kommt's! In den Ostertexten der Evangelien wird die passive Wortbedeutung von *egeíro*, also „er ist aufgeweckt worden" – auf Griechisch meistens *egérthe* –, von den deutschen Übersetzern immer mit „er ist *auferstanden*" wiedergegeben, bei Martin Luther im 16. Jahrhundert angefangen bis hin zu den meisten Übersetzungen heute. In den *Ostertexten der vier Evangelien*, wie gesagt. Immer, ich hab's nachgeprüft! Das ist auch völlig in Ordnung so. Beides ist ja irgendwie dasselbe, denn als Jesus aus dem Todesschlaf aufgeweckt worden ist, da ist er selbstverständlich aufgestanden. So gesehen ist es egal, ob man übersetzt: „Jesus ist auferweckt worden" oder: „Jesus ist auferstanden".

Oder nicht? – Eben nicht! Das ist eben nicht egal! Nicht, wenn man ein bisschen mitdenkt dabei. Und Kleinbauern denken mit.

Machen wir's ganz praktisch. Am besten, wir lesen uns die Ostertexte einmal selber durch. Ich meine also

die Ostertexte in den vier Evangelien

– im Matthäusevangelium das Kapitel 28, im Markusevangelium das Kapitel 16, im Lukasevangelium das Kapitel 24 und im Johannesevangelium die Kapitel 20 und 21. Keine Bange, so viel ist das nicht. Das zu lesen, schaffen wir in knapp einer Stunde.

Ich würde Kleinbauern allerdings raten, dass sie, wenn sie die Kapitel durchgelesen haben, das Ganze dann gleich noch ein zweites Mal lesen – beide Male sehr aufmerksam natürlich. Dann merkt man nämlich auch, dass in jedem der vier Evangelien ein bisschen anders davon erzählt wird, wie Jesus auferstand. Und die Unterschiede zu kennen, ist sehr wichtig, wie wir noch sehen werden. Für Herzenskleinbauern, denen an Jesus was liegt, auf jeden Fall.

Na gut, ob da am Grab „ein Engel“ saß oder „ein junger Mann“ – auf Evangelisch: „ein Jüngling“ – oder gar „zwei Männer“ zu den Frauen sprachen, das ist kein allzu großer Unterschied; schließlich können ja Männer auch Engel sein. Aber dass die Frauen, die zum Grab von Jesus kamen, von Evangelium zu Evangelium zum Teil unterschiedliche Namen haben, macht zumindest auf Kleinbäuerinnen keinen guten Eindruck! Waren die Frauen den Evangelienschreibern denn so unwichtig, dass sie sich nicht mal ihre Namen gemerkt hatten? ... Und das sind ja nur die kleinen Unterschiede. Es gibt noch weitere, die mindestens genauso ins Gewicht fallen. Warum zum Beispiel die sogenannten Emmausjünger nur im Lukasevangelium vorkommen, ist ja doch auch sehr verwunderlich ...

Aber vor allem sollten wir beim Lesen auf die Stellen achten, an denen es heißt: *„Er ist auferstanden ...“* An diesen Stellen sollten wir immer sofort halt machen und uns sagen: Hier steht eigentlich *„Er ist aufgeweckt worden ...“*!

Wer Kleinbauer ist, also Verstand im Herzen und Herz im Verstand hat, ganz egal, ob er katholisch, evangelisch und so weiter oder normal oder so ist, wird dann ganz von selbst merken, wie – und vor allem warum! – Jesus auferstand. Und er wird dann auch schon ahnen, was das mit Lehmanns Margret oder mit Norbert Baumert und mit seinen Eltern aus Görlitz zu tun hat ... Also, lesen wir erst mal selbst! Bis dann!

Warum die Bibelübersetzer in diesen Texten immer „er ist auferstanden“, statt „er ist auferweckt worden“ geschrieben haben, weiß ich auch nicht. Gewusst haben sie jedenfalls alle, dass es genau genommen *„er ist auferweckt worden“* heißen muss. Denn in den Briefen von Paulus und in anderen Schriften des Neuen Testaments haben sie das Wort *egeíro*, das dort sogar viel, viel häufiger vorkommt als in den Evangelien, fast immer richtig übersetzt. Und bloß gut, denn sonst hätte ihnen Paulus – der vor allem! – vom Himmel her die Ohren langgezogen.

Paulus, müssen wir wissen, hat die Briefe, die nach seiner eigenen Auferstehung ins Neue Testament mit aufgenommen wurden – sieben sind es –, in den Jahren zwischen 49 und 55 geschrieben; das war zwanzig/fünfundzwanzig Jahre nach der Auferstehung von Jesus. (Nebenbei gesagt: Paulus hat seine Briefe diktiert, denn ordentlich schreiben, so, dass man's dann auch lesen kann, war damals eine eigene Kunst, und die hatte er wohl nicht so drauf.) Paulus hatte, wie er im 2. Brief an die Korinther (5,16) selbst zugibt, Jesus auf Erden zwar nicht persönlich kennengelernt. Aber dass Jesus jetzt bei Gott lebt, davon war er überzeugt. Zutiefst. Er war davon dermaßen überzeugt und begeistert, dass er in allen seinen sieben Briefen darauf zu sprechen kommt. Und wenn man diese Briefe liest – das muss ja nicht sofort sein, denn sie allesamt durchzulesen, das kostet schon doch ein bisschen mehr Zeit –, wenn man also diese Briefe liest, dann merkt man, dass es ihm sehr, sehr wichtig gewesen ist, immer wieder zu betonen:

Jesus ist *aufgeweckt* worden

– nicht einfach bloß auferstanden! Und zwar aufgeweckt worden von *Gott*, wie wir uns das ja schon gedacht haben.

Denn eins ist doch jedem Kleinbauern klar: Man kann zwar aus dem normalen Schlaf von alleine aufwachen und dann aufstehen, aber doch nicht aus dem Todesschlaf! Das kann keiner. Kein Mensch und auch kein Tier im Stall. Tot ist tot. Wenn einen aus dem Totsein niemand aufweckt, na dann gute Nacht!

Jesus *„ist aufgeweckt worden"* und *„Gott hat ihn aufgeweckt"* – immer wieder diktiert Paulus seinen Schreibern diese Worte; selbst in Nebensätzen kommen sie vor, wie zum Beispiel in seinem frühesten Brief, im 1. Brief an die Thessalonicher (1,10): *„… Jesus, den er* (Gott) *von den Toten auferweckt hat."* – Freilich, ein einziges Mal, und zwar in demselben Brief drei Kapitel weiter (4,14), heißt es von Jesus, dass er „gestorben und *auferstanden* (griechisch: *anéste*)" ist; dieses eine Mal nur und sonst bei Paulus nie wieder – sonst spricht er immer von „auf(er)wecken", in der aktiven oder in der passiven Wortform. Immerhin sagt er aber in diesem Satz, dass Gott genauso auch *„die Entschlafenen"* – also alle, die außer Jesus sonst noch gestorben sind – *„durch Jesus in die Gemeinschaft mit ihm führen"* wird. Was allerdings sowieso klar ist, für uns jedenfalls.

Ganze Heerscharen von Bibelexperten haben sich in den vergangenen Jahrzehnten mit diesen beiden immer wiederkehrenden Worten – *„Gott hat ihn aufgeweckt"* und *„er ist aufgeweckt worden"* – befasst. Und weil heutzutage die meisten von ihnen Stadtmenschen sind und kein Vieh zu versorgen haben, konnten sie sich die Zeit nehmen, das gesamte Neue Testament durchzulesen, ganz in Ruhe und auf Griechisch natürlich. Dabei haben sie entdeckt, dass diese beiden Formulierungen nicht nur in den Paulusbriefen, sondern auch in vielen anderen Texten vorkommen: in den Briefen aus dem Schülerkreis des Paulus sowieso, wie im Epheserbrief zum Beispiel und im Kolosserbrief vor allem, aber auch in den vier Evangelien, die wir gerade gelesen haben, und ganz besonders häufig in der Apostelgeschichte, die Lukas zu seinem Evangelium noch dazugeschrieben hat. Daraus haben die Bibelerforscher die Schlussfolgerung gezogen, dass es sich um zwei sehr frühe Formulierungen handeln muss, die dann immer wieder weiterverwendet wurden. Sie müssen schon aus der Zeit der ersten Christengeneration stammen. Die Experten nennen sie *frühchristliche Bekenntnisformeln* – sie waren also so etwas wie Glaubensbekenntnisse, bloß dass sie ganz kurz waren und man sie nicht erst lange auswendig lernen musste; echt was für Kleinbauern, die zum Auswendiglernen ja sowieso keine Zeit haben.

Natürlich hat auch Paulus diese kurzen Bekenntnisformeln gekannt. Und sicherlich hat er sie nicht nur in seinen Briefen verwendet, sondern immer, wenn er in den Christengemeinden, die er gründete und besuchte, davon sprach, wie Jesus auferstand.

Wir halten jedenfalls fest: Die Osterbotschaft hieß ursprünglich nicht „Christus ist auferstanden!“, sondern „Christus ist *auferweckt worden*!“, oder noch genauer: „*Gott* hat Jesus aufgeweckt aus dem Tod!“

Wie gesagt, dem Paulus war es überaus wichtig, so ausdrücklich zu betonen, dass Jesus *aufgeweckt* wurde, und zwar durch *Gott*. Und den vier Evangelienschreibern auch.

Bloß den Bibelübersetzern nicht immer. Und viele Osterliederdichter und Ostergebeteschreiber sind dann auf sie reingefallen – vielleicht auch umgekehrt, das weiß ich nicht genau. Wahrscheinlich hat es was mit Tradition zu tun oder so, aber da kenne ich mich nicht besonders aus. „Tradition" ist ja das lateinische Wort für „Überlieferung", wobei beides gemeint ist: das Überliefern und das Überlieferte. Mir war schon von klein auf immer die Tradition der Bibelschreiber am wichtigsten, also das, was Leute wie Paulus, Lukas und so weiter uns überliefert haben. Und was diese Bibelschreiber damals über die Auferweckung von Jesus geschrieben haben, hat mir bestätigt – dank Griechischunterricht und Theologiestudium –, was ich schon ahnte, als Lehmanns Margret gestorben war: dass ein Mensch nach dem Sterben nicht einfach weg sein kann, und Jesus erst recht nicht. Und vor allem: dass das etwas mit

Gott

zu tun haben muss! Denn wenn es nicht Gott war, der Jesus aufgeweckt hat aus dem Tod, wer denn dann?

Das sage ich übrigens auch immer den normalen Menschen, wenn wir über so was mal miteinander ins Gespräch kommen. Wer ein Kleinbauernherz hat, hört dann, meiner Erfahrung nach, auch sehr interessiert zu. Denn Kleinbauern, ich meine also normale, haben durchaus ein Interesse an der Frage, wie denn das alles so ist mit dem Leben und dem Sterben. Evangelische, katholische und anderschristliche Kleinbauern selbstverständlich auch – die sind dann vor allem froh, überhaupt mal etwas darüber zu hören, *wie* Jesus auferstand, weil sie meistens immer nur gesagt bekommen, *dass* er auferstand.

Also noch mal: Tot ist tot. Und von selber aus dem Todesschlaf aufstehen, das geht nicht. Das gibt die Natur nun mal nicht her, bei keinem Lebewesen. Auch bei Jesus nicht. Wer auch nur ein kleines bisschen Kleinbauer ist und Werden und Vergehen aus eigenem Erleben kennt, der weiß das.

Freilich, heutzutage kann hin und wieder mal jemand nach dem Herzstillstand wiederbelebt werden, aber eines Tages muss auch er sterben. Und von einem sogenannten „Nah-Tod-Erlebnis", wovon heute so viel geredet wird, könnte auch ich erzählen, aus eigener Erfahrung vor inzwischen zwanzig Jahren. Mach ich aber nicht; denn es war nun mal kein *Nach*-Tod-Erlebnis, da mach ich mir nichts vor.

Es bleibt dabei: Tot ist tot, ein Weiterleben nach dem Tod gibt es nicht, von Natur aus jedenfalls nicht. Das würde es nur geben, wenn einen jemand aufweckt aus dem Todesschlaf – aber der müsste größer und stärker sein als die ganze Natur, größer und anders als alles, was es im Universum gibt.

Und da sind wir an einem entscheidenden Punkt. Wer seinen Verstand nicht bloß zum Geldzählen benutzt, der fragt sich doch: Wie kann es sein, dass es die Welt überhaupt gibt und die ganze Natur? Der kommt doch, wenigstens hin und wieder mal, aus dem Staunen nicht raus, dass das alles überhaupt da ist und nicht nicht da ist ...; auch dass unsere Erde da ist, auf der sich das Leben bis hoch zu uns Menschen entwickeln konnte ... Sogar scheinbar reine Verstandesmenschen kommen ins Staunen, wenn sie im Fernseher sehen, was alles seit dem Urknall passiert ist und was die Naturwissenschaftler so alles über die Entwicklungsgeschichte des Homo sapiens wissen ... Da muss doch, so ahnt und spürt manch einer dann, ein Größerer da sein, der das alles will und ins Dasein gesetzt hat ...

Wenn ich solch einem normalen Menschen dann sage: „Was du da erahnst mit deinem Verstand, also dass da ein Größerer da sein muss hinter allem – das ist Gott …", dann kommt nicht selten die Antwort: „Ach!" – so, als hätte er das zum allerersten Mal gehört, und zugleich so, als hätte er nun endlich kapiert, was er irgendwie immer schon gespürt hat, sich bisher aber nicht zu denken getraut hatte … Auch bei Katholischen und Evangelischen, die glauben, dass sie ihren Glauben kennen, habe ich solch ein „Ach!" schon oft gehört.

Jedenfalls: Wenn uns Menschen jemand aufwecken kann aus dem Todesschlaf, dann kann das nur dieser Größere hinter allem sein. Anders ist ein Leben nach dem Tod überhaupt nicht möglich.

Und der kann das auch. Denn wenn er dieses unermesslich große Universum ins Dasein gesetzt hat, dann wird er es doch wohl auch hinkriegen, uns Menschen ein neues Dasein zu geben, wenn wir gestorben sind!

Die Frage ist bloß: Macht er es auch? – Das ist selbstverständlich nur denkbar, wenn ihm etwas an uns liegt. Sonst nicht. Wären wir Gott schnurzegal, bliebe von einem Menschen wirklich nur die Handvoll Asche aus dem Krematorium übrig …

Und damit kommen wir zu einem zweiten sehr entscheidenden Punkt: Leute, die in ihrer Seele auch nur ein kleines bisschen Kleinbauer sind, die können doch von Gott nicht denken, dass wir Menschen ihm egal sind. Wenn einer von ihren geliebten Menschen stirbt, sind sie todtraurig im Herzen, und der Gestorbene ist für sie durch niemanden zu ersetzen, der allerliebste Mensch schon gleich gar nicht … Und Gott soll ein kleineres Herz haben als eine Kleinbäuerin oder ein Kleinbauer, die einander liebhaben? – Wer so was denkt, der ---

Herr S. zum Beispiel, der hochgelehrte Stadtmensch mit dem großen Kleinbauernherzen, der hat mir mal geschrieben: „Wer die Liebe wirklich erfahren hat, weiß, dass sie einen überkommt. Man kann sich nicht mit Willenskraft für sie entscheiden, sondern sie nur zulassen. Der geliebte Mensch steht nun ganz im Zentrum; nicht weil dieser andere Mensch etwas Besonderes tut, sondern weil er so kostbar ist. Wer dies einmal erlebt hat, dem ist klar: So ist die Liebe, und wenn ..." – und nun kommt ein ganz wichtiger Satz – „... und wenn schon ich selbst so lieben kann, zumindest ansatzweise (trotz meiner Grenzen, trotz möglicher Enttäuschungen oder Überforderungen), dann darf und muss ich doch von Gott annehmen (im doppelten Sinne!), dass er erst recht ein unbedingtes Ja zu mir sagt." – So, genau so denken Kleinbauern! Das ist die Logik der Menschen, die mit dem Herzen lieben und mit dem Verstand denken, und beides zugleich eben.

Gott hat doch die Welt nicht ins Dasein gesetzt, damit es eines Tages mal ein paar Menschen gibt, die dann ein paar Jahre lang immerfort bloß „Großer Gott, wir loben dich" singen und „heroische Taten" für ihn vollbringen! Nein, er braucht die Menschen! Obwohl er sie, rein verstandesmäßig gesehen, gar nicht brauchen würde als Gott. Er braucht sie, weil er sie liebhat und weil er will, das sie einander liebhaben. Und er wäre todtraurig in seinem Gottesherzen, wenn auch nur einer von ihnen nach den paar Jahren, egal, ob neun oder neunzig, wieder weg wäre, einfach wieder weg ... Deshalb will er sie aus dem Totsein aufwecken – und deshalb tut er das auch.

Und dann noch Jesus dazu! Einer, der wie keiner sonst ein Herzenskleinbauer war. Der überhaupt nichts für Gott gemacht hat, außer dass er zur Welt kam und die Menschen geliebt hat und Gott geliebt hat ... noch dazu, obwohl er sich ja von Anfang an hat denken können, dass das bestimmte religiöse Leute ganz fuchtig machen kann und sie ihn am liebsten umbringen würden ... Den hat Gott doch schon gleich gar nicht einfach so wieder ins Nichts fallen lassen, ins Aus und Vorbei!

Fazit: Na klar wird Gott das machen – uns aufwecken aus dem Tod! Weil er uns liebt, echt liebt! Und damit er uns nicht verliert. Und weil er nicht will, dass wir einander verlieren! Und Jesus hat er dann erst recht aufgeweckt aus dem Tod!

Noch mal: Die Osterbotschaft heißt: *Gott hat Jesus aufgeweckt!* Weil man von alleine gar nicht aus dem Tod auf(er)stehen kann! Und weil aus dem Tod auf(er)wecken nur ein einziger kann: Gott!

Gott – das ist der Grund, warum auch Kleinbauern wie Petrus zum Beispiel oder Kleinbäuerinnen wie Maria Magdalena (von beiden werden wir noch hören) fest davon überzeugt waren, dass Jesus lebt. Wirklich der einzige Grund. Und das steht auch so in der Bibel!

Alle, die immer nur von „auferstanden" reden, sollten sich mal an dem Engel oder dem Jüngling oder den zwei Männern aus den Osterevangelien ein Beispiel nehmen und an dem, was die wirklich sagen! In den Ostergottesdiensten sollten sie verkündigen und singen: *Gott hat Jesus aufgeweckt!* – das wäre echte Tradition! Dann könnten auch evangelische und katholische Kleinbauern sagen: „Ach! – ja, wenn's so ist, dann scheint da was dran zu sein ..."

Bleibt natürlich noch die Frage, *wie* Gott das macht und bei Jesus gemacht hat. Eines ist klar: Reanimiert oder so hat Gott Jesus nicht; auch heute überlässt er so was lieber den Ärzten. Gott will ja, dass wir für immer leben, nicht bloß ein paar Jahre länger.

Aber bevor wir darüber genauer nachdenken, will ich noch auf eine dritte Bekenntnisformel zu sprechen kommen. Sie ist etwas länger als die genannten kurzen Sätze und hat die Form eines kleinen Gedichts. Es ist

das älteste Ostergedicht

der Christenheit, man könnte auch sagen: das älteste Oster-*Lied*, denn vielleicht wurde es damals sogar gesungen. Überliefert ist es durch Paulus, in seinem 1. Brief an die Korinther, 15. Kapitel, dort gleich am Anfang. Paulus selbst hatte es auch schon „empfangen", wie er dort sagt. Von wem und wann, wissen wir allerdings nicht genau. Auf jeden Fall muss er es schon gekannt haben, als er in Antiochia lebte, einer Großstadt im damaligen Syrien, von der aus er dann später seine Reisen unternahm. Deshalb wird dieser kleine Text auch das *Antiochenische Glaubensbekenntnis* genannt.

Viele Bibelexperten, die ja eins und eins zusammenzählen können, gehen davon aus, dass dieses Gedicht oder Lied aus der Urgemeinde in Jerusalem stammt und schon in den ersten Monaten ihres Bestehens, also im Jahr 30 oder 31, gedichtet worden ist. Paulus wird es dort gehört haben, sagen die Experten, denn zu den Jerusalemern hatte er, wie er im Galaterbrief selbst erzählt (1. Kapitel), schon sehr früh Kontakt gehabt. Jedenfalls hatte sich Paulus diesen Text gut gemerkt, und die Frühchristen in Korinth kannten ihn inzwischen auch – von ihm nämlich, weil er anderthalb Jahre lang bei ihnen gelebt hatte, um das Jahr 51 herum. Paulus musste die kleine Gemeinde in seinem Brief, zirka zwei Jahre später, nur daran „erinnern", wie er sagt.

Es ist ein ganz wichtiger Text. Der wichtigste überhaupt, wenn man wissen will, wie Jesus auferstand. Ohne diesen Text kann man die Ostererzählungen in den vier Evangelien gar nicht richtig verstehen, ja kann sie sogar falsch verstehen, wie wir noch sehen werden. Deshalb tippe ich diesen Text hier mal ab, damit wir uns gründlich mit ihm beschäftigen können. Ich nehme ihn aus der katholischen Einheitsübersetzung, denn in der evangelischen Bibel, jedenfalls in der Neuausgabe von 2016, klingt er sowieso ungefähr genauso – bis auf eine Stelle, da komme ich dann drauf zurück. Also hier das *Antiochenische Glaubensbekenntnis* in der katholischen Übersetzung:

Christus ist für unsere Sünden gestorben,
gemäß der Schrift,
und ist begraben worden.
Er ist am dritten Tag auferweckt worden,
gemäß der Schrift,
und erschien dem Kephas, dann den Zwölf.

Auch hier, in diesem sehr früh gedichteten Text, heißt es ganz klar: Jesus ist *auferweckt*, also *aufgeweckt* worden – nicht: er ist auferstanden; es hat ihn also jemand aufgeweckt, und das kann nur Gott gewesen sein.

Und genauso klar heißt es hier: Er ist *gestorben* und *begraben* worden. Das wussten sie natürlich alle, in Jerusalem und Antiochia wie auch in Korinth, und sie wussten vor allem, *wie* er gestorben war: Er war hingerichtet worden, nicht einfach bloß gestorben – durch Kreuzigung, durch die grausamste Hinrichtungsart, die es damals gab. Das dürfen auch wir nie vergessen, sonst verstehen wir von Ostern überhaupt nichts. (Deshalb gehen ja Christen nicht nur Ostern in die Kirche, sondern am Karfreitag auch, wenn's irgendwie geht.) Aber es gab in so einer Stadt wie Jerusalem auch damals schon Leute, die sich alles Mögliche über Jesus zurechtfabulierten, zum Beispiel dass er vielleicht nur scheintot gewesen sei und so. Deshalb hier die klare Ansage: Jesus war tot; er ist „gestorben" und er ist „begraben worden" – toter geht's nicht.

Warum Jesus hier *Christus* genannt wird – nicht nur hier, sondern stets und ständig im Neuen Testament –, das wissen wir ja. Nur noch mal zur Erinnerung: *Christus* beziehungsweise griechisch *Christós* ist die Übersetzung des hebräischen Wortes für den Messias und bedeutet „der Gesalbte"; womit gemeint ist, dass Jesus genau der ist, nach dem sich schon Generationen von Menschen im jüdischen Volk gesehnt hatten: einer, der in seinem ganzen Denken und Fühlen ganz und gar mit der Weisheit Gottes „durchsalbt" ist und uns sagen und zeigen kann, wer Gott ist, wer wir Menschen sind und was das ganze Leben überhaupt soll.

Jesus, der Christus also, ist *für unsere Sünden gestorben, gemäß der Schrift*, so beginnt das Gedicht. Die Wendung „gemäß der Schrift" kommt dann gleich noch mal vor. Gemeint ist natürlich die Bibel, genauer: der erste Teil der Bibel, denn den zweiten Teil, das Neue Testament, gab es ja zu der Zeit noch nicht. Genau übersetzt muss es eigentlich heißen: „den *Schriften* gemäß" – Mehrzahl also. Aber diesen Fehler kann man den Einheitsübersetzern und Martin Luther großherzig durchgehen lassen.

Problematischer sieht es bei der Übersetzung „für unsere Sünden" aus. Denn das versteht doch kein Mensch! Ein normaler sowieso nicht, und wir Christen eigentlich auch nicht – wir haben uns nur daran gewöhnt, dass das nun mal so gesagt wird, zum Beispiel auch in manchen Liedern und Gebeten. Denkt man aber darüber nach, merkt man, dass das doch nicht einmal richtiges Deutsch ist! Es kann einer für die *Sünder* sterben, aber doch nicht für die Sünden; sterben kann man höchstens *wegen* der Sünden. Und vor allem wollen Kleinbauern, egal welche, verstehen, was diese Worte bedeuten! Erst recht, wenn sie mal gehört haben, das hätte was mit „Sühnetod" zu tun und so, oder wenn sie gar von irgendwoher das Theologenwort „Satisfaktionslehre" aufgeschnappt haben.

Ich könnte jetzt natürlich erklären, wie die beiden Zeilen im griechischen Originaltext gemeint sind. Aber das würde, ehrlich gesagt, ziemlich lange dauern. Ich weiß das aus Erfahrung, denn schon seit gut zehn Jahren halten Herr S. und ich darüber mindestens ein Mal im Jahr ein Seminar – für Kleinbauern versteht sich –, jedes Mal ein ganzes Wochenende lang, und da werden wir meistens auch nicht fertig mit diesem Thema. Vor lauter Fragen nämlich. Wir haben uns deshalb gesagt: Darüber schreiben wir mal gemeinsam ein Buch, ein ganz ausführliches. Natürlich nur, wenn der Heilige Geist bei unserer Planung mitmacht, aber auch das hält Herr S. „für sehr wahrscheinlich" ... Also dann vertage ich meine Erklärung guten Gewissens auf später. – Hier nur so viel dazu:

Auf jeden Fall haben die Christen von damals, die diese Verse dichteten, dabei auch an eine Stelle in der Bibel gedacht, an die man immer schon dachte, wenn man sich den Messias erträumte, nämlich aus dem Buch Jesaja. Dort heißt es:

> *Wir meinten, er sei von Gott geschlagen, von ihm getroffen und gebeugt. Doch er wurde durchbohrt wegen unserer Vergehen, wegen unserer Sünden zermalmt. Zu unserem Heil lag die Züchtigung auf ihm, durch seine Wunden sind wir geheilt.*

Wenn man das liest, dann ist schon mal klar, was die Jerusalemer oder Antiochener sagen wollten: Jesus wurde nicht gekreuzigt, weil *Gott* das wollte, wie heute noch manche meinen, sondern „*wegen* unserer Sünden", also weil ein paar engstirnige und verblendete *Menschen* ihn ans Kreuz und aus der Welt haben wollten. Und außerdem, so liest man dort, wurde sogar das noch „zu unserem *Heil*" – weil Jesus die Menschen nämlich so sehr liebt, dass er ihnen selbst das noch vergibt; wenn sie es sich vergeben lassen natürlich, wie Kleinbauern zum Beispiel.

Die Griechischsprachler wie Paulus und seine Leute in Korinth hatten es gut: Das griechische Wort für „für" – also „*für* unsere Sünden" – heißt nämlich im Originaltext *hypér*, und das bedeutet beides zugleich: *wegen* und *für*. Man müsste also das, was hier im ältesten Ostergedicht gemeint ist, so übersetzen, damit es richtig rüberkommt: „Christus ist *wegen unserer Sünden* und *für uns Sünder* gestorben." Aber wie gesagt, Näheres dazu vielleicht in einem Buch mit Herrn S. zusammen.

Jetzt komme ich erst mal zu den nächsten zwei Zeilen, wo es heißt, dass Jesus

„am dritten Tag"

aufgeweckt worden ist, den Schriften gemäß. Das klingt, wenn man wie wir die vier Evangelien kennt und es auf die dort genannten Tage bezieht, zunächst ganz verständlich. Man kann es ja nachzählen: am Freitag im Laufe des Nachmittags gestorben, am Samstag noch den ganzen Tag tot gewesen und am Sonntag, wenn auch schon ganz früh, aufgeweckt worden

– also drei Tage, das haut hin. Für den Verstand ist das gut nachvollziehbar. Wenn man – ja, wenn man nicht Kleinbauer wäre!

Denn Kleinbauern benutzen ihren Verstand eben nicht nur zum Zählen. Weil sie in ihrem Verstand auch ihr Herz mit drin haben – und das sagt ihnen, dass es gar nicht so gewesen sein kann! Sollte denn Gott, der doch Jesus über alles liebt, wirklich so lange gewartet haben mit dem Aufwecken aus dem Totsein? Ein Kleinbauer würde doch seine Herzenskleinbäuerin, wenn er es könnte, *sofort* aufwecken! Gleich wenn sie gestorben ist! Nicht erst drei Tage später. Und Gott nicht? – Kein normaler Herzenskleinbauer kann das verstehen! Und eine Herzenskleinbäuerin sowieso nicht.

Wenn sie noch dazu evangelisch, katholisch oder anders christlich sind und ein bisschen wissen, was so alles in der Bibel steht, fragen sie zum Beispiel auch: Warum, bitte schön, sagt denn dann Jesus am Kreuz zu dem anderen Gekreuzigten neben ihm, wie das Lukasevangelium erzählt (23. Kapitel): „Heute noch wirst du mit mir im Paradies sein"? *Heute*, am Freitag also, nicht ab Sonntag früh erst. Das passt doch mit „am dritten Tag" nicht zusammen!

Doch so denken Kleinbauern! Sie geben sich nie und nimmer damit zufrieden, dass Gott so lange wartet mit dem Aufwecken ihrer Liebsten. Und so empfinden sie auch, wenn's um seinen Jesus geht! Ich weiß es ja von mir selber: In meiner Jungkleinbauernzeit habe ich genauso gedacht und empfunden. Und weil mir's keine Ruhe ließ, hoffte ich, dass mir dann im Theologiestudium die Theologieprofessoren das alles erklären würden, damit ich es anderen Kleinbauern weitersagen könnte – aber da kam nichts, bis zum zehnten Semester nicht ...

Erst viele Jahre später bin ich dann auf ein Buch gestoßen, das mir weitergeholfen hat. Es hieß AUFERWECKT AM DRITTEN TAG NACH DER SCHRIFT. Geschrieben hatte es Karl Lehmann, schon 1968, zu einer Zeit, als ich noch Latein- und Griechischvokabeln paukte. Inzwischen war er Bischof geworden und war sogar Vorsitzender der Deutschen Bischofskonferenz; später wurde er noch Kardinal dazu. Aber ich hätte ihm auch so geglaubt. Denn was ich da las, das war echt was für Herz und Verstand! Obwohl's seine Doktorarbeit war, hatte er darin so ziemlich alle Fragen aufgegriffen, die Kleinbauern zu diesem Thema nun mal haben. Deshalb hatte er gründlich nachgeforscht, was damals mit „am dritten Tag" gemeint gewesen sein könnte – nicht nur in der „Schrift", sondern auch in den „Schriften": in allen jüdischen Schriften, die es zur Zeit des Petrus, des Paulus und der anderen Frühchristen gab. Und dabei hatte er so viele Textstellen gefunden, in denen vom „dritten Tag" die Rede ist, dass ich sie mir als Kleinbauer, der ich nun einmal geblieben bin, gar nicht alle merken konnte. Gemerkt habe ich mir aber wenigstens das Ergebnis seiner Forschungen:

Das Wort „am dritten Tag", so fand er heraus, war damals und auch schon lange vor Jesus eine oft gebrauchte Redewendung, mit der man einander sagte: Habt keine Angst, Gott ist da, er lässt uns nicht fallen! Das meint zum Beispiel, so hatte er herausgefunden, auch das schöne Wort aus dem Buch Hosea, 6. Kapitel: „Auf, lasst uns zum HERRN zurückkehren! Denn ... nach zwei Tagen gibt er uns das Leben zurück, *am dritten Tag* richtet er uns wieder auf und wir leben vor seinem Angesicht ... Er kommt so sicher wie das Morgenrot ..." – „Ach!", dachte ich.

Aus seiner Doktorarbeit habe ich mir dann den Satz rausgeschrieben: „Die Auferweckung am dritten Tag nach der Schrift ist kein kalendermäßiges und chronistisches ‚Datum', sondern zunächst eine streng theologische Aussage." In Kleinbauernsprache übersetzt: Die Redewendung „am dritten Tag" meint nicht drei wirkliche Tage – die es ja in der Ewigkeit Gottes gar nicht gibt –, sondern den *göttlichen* „Tag", den Moment nämlich, in dem Gott uns neues Leben gibt; und sie will sagen, dass es todsicher ist, dass Gott das macht!

Seitdem weiß ich, was ich eigentlich immer schon wusste und was auch die normalen Dorfkinder wussten, als Lehmanns Margret gestorben war: Sie ist nicht weg, nicht mal für drei Tage war sie weg! Sie lebt. Und meine Schwester und ich wussten: Sie ist jetzt bei Gott.

Bei Lehmanns Karl, der inzwischen auch gestorben ist, war's demnach genauso: Seine Todesstunde am 11. März 2018 war seine Auferweckungsstunde. Und bei Jesus sowieso: Der Karfreitag war sein Auferweckungstag! Schon in dem Moment, als er am Kreuz starb, hat Gott ihn aufgeweckt in sein ewiges Leben hinein – bei Gott gibt's keinen Kalender, und selbst wenn er einen hätte, dann hätte er mit dem Aufwecken seines über alles geliebten Jesus doch nicht bis Sonntag gewartet ...

Wie ist es aber dann dazu gekommen, dass die frühen Christen im Laufe der Jahre den Sonntag als den Auferweckungstag feierten?

Na, weil wir Menschen, wenn ein geliebter Mensch stirbt, meistens erst mal mindestens drei Tage brauchen, um zu begreifen, dass er wirklich nicht weg ist. Maria Magdalena zum Beispiel oder den Emmausjüngern ging's damals genauso, wie wir noch sehen werden. Denn da muss schon erst mal *was passieren* in einem Menschenherzen, auch bei Kleinbauern, bis aus tiefer Traurigkeit so was wie Osterfreude werden kann! Im Osterlied aus Jerusalem oder Antiochia ist davon in der nächsten Zeile die Rede, es heißt dort: „... *und*

er erschien

dem Kephas, dann den Zwölf." Da ist also tatsächlich was passiert nach dem Tod von Jesus! Der aufgeweckte Jesus *erschien* – das ist passiert! Und er erschien nicht nur dem Kephas und den Zwölfen, sondern vielen anderen auch, wie Paulus dann gleich im Anschluss an diese letzte Zeile erzählt:

> *... Danach erschien er mehr als fünfhundert Brüdern zugleich; die meisten von ihnen sind noch am Leben, einige sind entschlafen. Danach erschien er dem Jakobus, dann allen Aposteln. Zuletzt erschien er auch mir, gleichsam der Missgeburt.*

Aber bleiben wir beim Ostergedicht selbst. Der aufgeweckte Jesus erschien demnach zuerst dem *Kephas* und den *Zwölf.*

Zur Erinnerung: Kephas, das ist Petrus. Eigentlich hieß er ja Simon, aber Jesus hatte ihm auf Aramäisch den Spitznamen *Kephas* gegeben, was „harter Stein" bedeutet und bekanntlich mit „Fels" wiedergegeben werden kann, aber auch – weniger bekannt – mit „Betonkopf" und „Edelstein". *Pétros* beziehungsweise *Petrus* ist damals bei den Christen, die nicht aramäisch sprachen, die griechische und lateinische Übersetzung von *Kephas* gewesen. – Mehr sag ich dazu jetzt nicht. Wer selber denkt und sich ein bisschen hineindenkt in diesen

Petrus, auch beim Lesen der Osterevangelien, der kommt meistens von ganz alleine drauf, warum ihm Jesus gerade diesen Spitznamen gegeben hat ...

Dass hier der aramäische Spitzname, also *Kephas*, steht, ist übrigens einer der Gründe, warum viele Bibelexperten sich recht sicher sind, dass der Text wohl tatsächlich schon in der frühen Gemeinde in Jerusalem entstanden sein muss, zu der ja auch Frauen und Männer aus dem Jüngerkreis von Jesus gehörten, die alle aramäisch sprachen.

Und „die Zwölf", das sind die Apostel, klar. Einer war nach dem Freitag, an dem Jesus gekreuzigt worden war, zwar nicht mehr dabei – der Judas –, aber man sagte damals trotzdem „die Zwölf", das war schon aus der Zeit mit Jesus in Galiläa ein feststehender Begriff. Bald nach der Auferweckung von Jesus gab es sowieso viel mehr Apostel, sonst hätte Paulus ja nicht noch anfügen können: „Danach erschien er *dem Jakobus* (der vorher nicht mal zum Jüngerkreis gehörte, geschweige denn zu den Zwölf!), dann *allen Aposteln*." Und Paulus selbst nennt sich ja auch Apostel und wurde schon in der frühen Kirche zusammen mit Petrus und Maria Magdalena zu den obersten und wichtigsten Aposteln gezählt.

Aber nun zu dem Wort: *er erschien*. Damit haben katholische Kleinbauern natürlich wieder ein Problem. Und die meisten normalen Kleinbauern, wenn sie dieses Wort hören, auch. Na gut, als höfliche Menschen zeigen sie das nicht so, aber innerlich schmunzeln sie doch darüber, dass jemand so was glauben kann. „Erscheinungen", also Visionen und so – na ja ...

Evangelischen Kleinbauern geht's ähnlich, bloß anders. Sie lesen in ihrer Bibel – und jetzt kommt die Stelle, an der sich die beiden Übersetzungen unterscheiden –, sie lesen also in ihrer

Lutherbibel: „... und dass er *gesehen worden ist* von Kephas" und so weiter. Gesehen worden? Ein aufgeweckter Toter, der umhergeht – na, wer's glaubt ...

Klären wir erst mal, wer recht hat: die Lutherbibel der evangelischen Kleinbauernschaft oder die Einheitsübersetzung der katholischen Kleinbauernzunft. Und da geht eindeutig ein halber Punkt an die katholische und ein halber Punkt an die evangelische Fraktion. Im griechischen Text steht nämlich *óphthe* – das „ó" betont und lang und das „e" als „ä" gesprochen –, und das bedeutet so viel wie: „er ließ sich sehen, erfahren, erkennen", „er zeigte sich". (Wer's genau wissen will: *óphthe* ist grammatisch ein Aorist, ein passiver oder ein medialer; in diesem Fall ein medialer, weil ein Dativ dabeisteht, nämlich *dem* Kephas und so weiter.) – Also: Beide Bibelübersetzungen sind dicht dran, aber für einen vollen Punkt reicht's bei keiner.

Wirklich: Die Bibelexperten haben sich in den letzten Jahrzehnten sehr mit der Frage beschäftigt, wie Jesus auferstand, aber auf dieses kleine Wörtchen *óphthe* haben sie sich geradezu gestürzt. Weil ihnen nämlich klar wurde, dass an diesem kleinen Wörtchen alles hängt: Was auch immer mit „er ließ sich sehen, erfahren, erkennen" oder „er zeigte sich" konkret gemeint ist – das, was da passiert ist, hat bei Kephas und den Zwölfen und bei allen, die Paulus dann noch aufzählt, bewirkt, dass sie sich ganz sicher waren: Jesus ist nicht weg, Gott hat ihn aufgeweckt, er lebt!

Und noch aus einem zweiten Grund haben sich die Bibelerforscher sehr genau mit dem *óphthe* beschäftigt: weil sie natürlich gemerkt haben – wie wir Kleinbauern längst –, dass das, was manche Prediger in der Osterpredigt über die „Erscheinungen des Auferstandenen" so alles erzählen, nicht ganz stimmen kann.

Inzwischen sind die meisten Theologen der Auffassung, dass es nicht bloß so was wie Visionen gewesen sein können, wie vor ein paar Jahrzehnten noch manche dachten. Denn Visionen kann man sich auch selber einbilden, wie Kleinbauern und heutzutage auch Psychologen und Hirnforscher wissen; jedenfalls kann man damit andere nicht davon überzeugen, dass Jesus wirklich aufgeweckt wurde – Kleinbauern schon gar nicht! Da müsste bei Kephas und all den anderen schon ein bisschen mehr passiert sein als bloß so was.

Und dass der aufgeweckte Jesus von Kephas und den anderen „gesehen worden ist", wie Martin Luther übersetzte – also wie man dann ja sofort denkt, körperlich zum Angucken –, das haben auch früher schon nur Leute geglaubt, die das Kapitel 15 nicht bis zum Ende oder vielleicht sogar überhaupt nicht gelesen hatten. Paulus sagt nämlich ganz klar und deutlich und gleich mehrmals nacheinander, dass Jesus als Aufgeweckter einen „überirdischen" Leib, oder auf Evangelisch: einen „geistlichen" Leib, hatte; also keinen „irdischen", auf Evangelisch: „natürlichen", Leib, wie er betont (alles nachzulesen ab Vers 35 in diesem wichtigen Kapitel). Und einen „überirdischen" oder „geistlichen" Leib kann man nun mal mit den Augen nicht sehen, das ist doch klar; für uns jedenfalls.

Fazit: Ob Jesus nun „erschien" oder „gesehen worden ist" – beides ist keine gute Übersetzung. Es bleibt bei dem halben Punkt. Bloß ist es eben schwer, eine bessere Übersetzung zu finden; das ergibt für die Übersetzer beider Bibeln immerhin „mildernde Umstände".

Übrigens, wenn wir das mit dem *„überirdischen Leib"* mal einem normalen Menschen erklären wollen oder auch einem kirchlichen, wenn sie uns fragen, dann könnten wir ihnen sagen, dass man muss. Das kann wirklich sehr hilfreich sein. Und im Deutschen ist das ja möglich, jedenfalls seit ungefähr achthundert Jahren, als außer dem Wort „Leib" noch dazu das Wort „Körper" gebräuchlich wurde. Mit *Körper* ist seit damals immer das gemeint, was Paulus den „irdischen" beziehungsweise „natürlichen" Leib nennt: also der biologische Körper, vom kleinen Zeh bis zum Gehirn. Das Wort *Leib* meinte zuvor immer den Menschen überhaupt, den Menschen in seiner „personalen Identität", wie die Gelehrten sagen: „Leib" ist, sagen sie, ein „personaler Ganzheitsbegriff".

Wenn Paulus sagt, dass Jesus als der Auferstandene einen „überirdischen", nicht einen „irdischen" Leib hat, dann bedeutet das also, dass er den Jüngern *höchstpersönlich* „erschien", nicht aber, dass er körperlich zu sehen war.

Um auch seinen Stadtmenschen in Korinth klarzumachen, dass es ja wohl einen Unterschied gibt zwischen einem überirdischen und einem irdischen Leib, bringt Paulus ein paar Vergleiche, und einen Vergleich sogar aus der Landwirtschaft! (Bloß mal so angemerkt: Das kann Kleinbauern, die vom Dorf stammen, schon stolz machen, und zwar zu Recht! Wir kommen in der Bibel viel häufiger vor, als Stadtmenschen glauben!) Paulus sagt nämlich, dass es mit dem überirdischen Leib ungefähr so ist wie mit dem Weizen: Der „Leib" eines Weizenhalms ist anders als der „Leib" des ausgesäten Weizenkorns. – Ein sehr anschaulicher Vergleich, als Bild verstanden natürlich. Der Halm mit der Ähre unterscheidet sich ja nun wirklich vom Samenkorn!

Und damit auch der Letzte versteht, was er mit diesem Vergleich aus der Landwirtschaft sagen will, fügt Paulus noch hinzu:

Was gesät wird, ist verweslich, was auferweckt wird, unverweslich. Was gesät wird, ist armselig, was auferweckt wird, herrlich. Was gesät wird, ist schwach, was auferweckt wird, ist stark.

Und dann kommt's noch mal ganz ausdrücklich:

Gesät wird ein irdischer Leib, auferweckt ein überirdischer Leib ...

Wenn in der kirchlichen Glaubenssprache also von der „leiblichen Auferstehung Jesu" die Rede ist, dann ist nicht eine körperliche Auferstehung gemeint. Die Glaubenssprache ist ja viel älter als achthundert Jahre, und die Prediger und auch manche Theologen haben sich nun mal noch nicht angewöhnt, zwischen Körper und Leib zu unterscheiden. Deshalb sagen sie einfach „leibliche Auferstehung" – was natürlich zu Missverständnissen führt und die ganze Tiefe und Schönheit der Osterbotschaft vernebelt. Kleinbauern sind da anders, die lieben eine klare und eindeutige Sprache.

Der aufgeweckte Jesus hatte, das halten wir fest, einen *überirdischen* Leib, also keinen biologischen, körperlichen. Und der „überirdische Leib" ist für die Augen nicht sichtbar.

Aber was steckt denn nun hinter dem Wörtchen *óphthe*,

– bei Kephas und so weiter. Ich will nicht lange drum herumreden: Es ist das passiert, was bei mir auch passiert ist und bei vielen, vielen anderen ebenfalls, von Abraham in der Bibel angefangen bis heute.

Noch mal: Das Wort *óphthe* bedeutet wörtlich: *er ließ sich sehen, erfahren, erkennen,* oder anders übersetzt: *er zeigte sich*. Darin sind sich alle Sprachexperten einig. Und was damit konkret gemeint war, als das Osterlied gedichtet wurde und Paulus seine Briefe diktierte, wissen sie heute auch: nicht ein Gucken mit den Augen, sondern *etwas Innerliches im Herzen*.

Das belegen nämlich die jüdischen Heiligen Schriften, die schon zirka zweihundertfünfzig Jahre vor Paulus ins Griechische übersetzt worden waren, die Texte des Alten Testaments in der sogenannten SEPTUAGINTA. Darin kommt das Wort *óphthe* an zahlreichen Stellen vor. Natürlich ist dort mit „er erschien" nicht Jesus, sondern Gott gemeint: „*Der* HERR erschien", heißt es meistens in den deutschen Übersetzungen des Alten Testaments. Gott „erschien" zum Beispiel dem Abraham und seiner ägyptischen Magd Hagar, dem Isaak, dem Jakob, dem Mose, dem Salomo und dem Samuel und vielen weiteren Frauen und Männern. Auch in diesen Bibeltexten ist ganz eindeutig etwas *Innerliches* gemeint, denn Gott selber hat ja nun wirklich keine körperliche Gestalt, die man mit den äußeren Augen angucken könnte. Nicht einmal mit den inneren Augen kann man Gott im wörtlichen Sinne „sehen".

„Er erschien" meint ein inneres Wahrnehmen, für das es eigentlich gar kein richtiges deutsches Wort gibt. Man kann es beschreiben mit „erfahren", „erkennen", „sich gewiss werden" ... Manche sagen auch „schauen", wie zum Beispiel der katholische Bibeltheologe Fridolin Stier, den wir schon aus den anderen Kleinbauernbüchern kennen; er übersetzt die letzte Zeile des Ostergedichts so: „... Und: Zu *schauen* gab er sich Kephas, dann den Zwölf."

Jedenfalls: Wenn mit „er erschien" das gemeint ist, was mit solchen Worten umschrieben wird, dann ist der aufgeweckte Jesus auch mir erschienen. Denn innerlich „erkennen" und „sich gewiss sein", dass Jesus nicht weg ist und dass er mit Gott zusammen da ist, das kenne ich auch. Und viele Kleinbauern, aus der Stadt und vom Lande, kennen es ebenfalls. Sonst hätten wir doch mit Gott und mit Jesus und erst recht mit Kirche und so schon längst nichts mehr am Hut! Bloß würden wir natürlich nie sagen: „Er ist mir *erschienen*" – dann würden die Leute um uns herum ja sonst was von uns denken!

Und noch etwas. Auch darin sind sich die Bibelerforscher einig, in dem Fall sogar alle: Was mit *óphthe* gemeint ist, also im Inneren „sich gewiss werden", dass Jesus da ist, das kann man *nicht selber* machen – es geschieht einem. Es ist ein „Widerfahrnis", sagen manche Theologen. Es passiert. Machen tut's also ein anderer. Auch das weiß jeder von uns, der das kennt. Denn wenn diese innere Gewissheit mal wieder weg ist, vielleicht sogar für lange Zeit, dann kannst du machen, was du willst – beten, was das Zeug hält, meditieren auf solche oder solche Art, täglich die Sakramente empfangen, nach sonst wohin pilgern oder gar fasten bis zum Umfallen –, du kriegst es nicht von selber wieder hin! Deshalb heißt *óphthe* ja: er *ließ* sich erfahren. *Er*, der aufgeweckte Jesus hat das also gemacht! Nicht Kephas und nicht die Zwölf. Paulus auch nicht. Und das ist bis heute so.

Es mag ja Leute geben – und auch damals gegeben haben –, die das in Form einer Vision erleben, die also Jesus richtig wie vor sich sehen. Aber dann „sehen“ sie ihn erstens nur innerlich, nicht äußerlich, und zweitens „sehen“ nur sie ihn, nicht zugleich die anderen. Und ob die ihnen dann glauben, bloß weil sie sagen: „Ich hatte eine Vision ...“ – na, ich weiß nicht ... Ich jedenfalls hätte ihnen damals nicht geglaubt, bloß wegen ihrer Visionen jedenfalls nicht. Nicht mal dem Kephas.

Nein, man muss das nicht in Form einer Vision erleben. Ich hatte noch nie eine, und die allermeisten Herzenskleinbauern, die ich kenne, auch nicht. Es genügt, wenn man tief im Herzen von Gott, von Jesus und von dem, was Jesus über Gott und das Leben gesagt hat, *berührt* wird. Und wenn man ganz genau weiß: Dieses Berührtsein habe ich nicht selbst gemacht, es ist von ganz alleine passiert, es ist mir geschehen, ganz leise im Herzen ... es ist mir geschenkt worden. Und den Frühchristen damals ging es auch so.

Aber eins ist sicher: Es macht was mit einem! *Er* macht was mit einem. Man kommt dann nicht mehr von ihm los. So ging es dem Paulus, so ging es allen anderen – und so ging es sogar dem Edelstein-Betonkopf Kephas, aus dem dann echt ein „Fels“ wurde. Sie alle haben von da ab im Herzen mit dem aufgeweckten Jesus gelebt und sich total für ihn und sein Evangelium eingesetzt. Sie haben sich eher umbringen lassen – vielen jedenfalls ist es damals so ergangen –, als sich von ihm abbringen zu lassen. Und sie wurden dabei zu Gemeinschaften, in denen sie sich als Gleichgesinnte fühlten: erst zu ein paar kleinen Gemeinschaften in Galiläa und in Jerusalem, dann zu größeren an immer mehr Orten. Gemeinsam kümmerten sie sich wie Jesus um andere Menschen, um arme Schlucker und um Kranke zum Beispiel; und natürlich auch um die Leute, die was über Gott und die tieferen Dinge des

Lebens wissen wollten, um die vielen anderen Herzenskleinbauern also in Stadt und Land – denen sagten sie das weiter, was sie selber so froh machte.

Die Theologen drücken das so aus: „Historisch greifbar ist nicht die Auferweckung, sondern der *Osterglaube* der frühen Christen."

Damit wollen sie sagen: Sichtbar war nicht der Moment der Auferweckung aus dem Totsein, sichtbar war nicht der auferweckte Jesus, sichtbar waren auch nicht die „Erscheinungen des Auferstandenen" – sichtbar war das, was das „er erschien" mit Kephas und all den anderen gemacht hat. Und vor allem: was es durch sie bewirkt hat – und das ist sogar für die Historiker greifbar, heute noch.

Wer will, kann das alles selber mal nachlesen in den Büchern der Theologen und der Bibelexperten. In einem Buch von Franz Zeilinger zum Beispiel mit dem Titel DER BIBLISCHE AUFERSTEHUNGSGLAUBE (von 2008); darin sind die Forschungsergebnisse der Bibelwissenschaftler sehr gut zusammengefasst. Sehr empfehlen kann ich auch das Buch des katholischen Theologen Hans Kessler, der mit 83 Jahren noch einmal auf den Punkt gebracht und vertieft hat, worüber er sein Professorenleben lang forschte und nachdachte; es trägt den Titel AUFERSTEHUNG? DER WEG JESU, DAS KREUZ UND DER OSTERGLAUBE (von 2021). – Das Problem ist bloß, dass solche Bücher schwer zu lesen und zu verstehen sind. Hätte ich nicht zu meinem Kleinbauernwissen noch Theologie dazu studiert, würde ich sie auch nicht verstehen.

Ganz ehrlich mal: Ein besonders gutes bibelwissenschaftliches Buch – es handelt vom 1. Korintherbrief und vom Ostergedicht und heißt SORGEN DES SEELSORGERS (von 2007) – hätte ich sogar trotz Theologiestudium nie verstanden, wenn mir

Norbert Baumert, der es geschrieben hat, nicht schon lange, bevor er es geschrieben hatte, mal persönlich erklärt hätte, was ihm da beim Forschen so alles durch den Kopf geht. Mir hätte sonst später beim Lesen seines Buches schon nach zehn Seiten der Schädel gebrummt. Aber in den zwei Stunden damals in Görlitz, als wir uns über seine Bibelforschungen unterhielten, ging's mir irgendwie wie den Emmausjüngern im Lukasevangelium (24,32), die zueinander sagen: „*Brannte uns nicht das Herz in der Brust, als er unterwegs mit uns redete und uns den Sinn der Schrift erschloss?*" Irgendwie war das damals für mich wie „er erschien" ... Bibelexperten sind manchmal nämlich auch Kleinbauern, nur merkt man das ihren Büchern nicht immer gleich an.

Aber kommen wir nun endlich zu der Frage, *wie* Jesus auferstand, also

wie Auferweckung vor sich geht

bei Kleinbauern und bei Jesus. – Doch, doch, das ist dasselbe! Gott weckt Kleinbauern auf die gleiche Art auf, wie er Jesus aufgeweckt hat. Das sagt Paulus, nicht nur irgendein Bibelexperte! Gleich nach dem Ostergedicht, also noch im selben 15. Kapitel, kommt er darauf zu sprechen. Bloß bei Leuten mit einer „Großbauern"-Mentalität, die das himmlische Leben – miteinander und für immer – nicht wollen, hat Gott ein Problem, aber auch da weiß Paulus Rat.

Doch der Reihe nach. Paulus macht sich nämlich Sorgen um seine Christen in Korinth. Er hatte gehört, dass manches nicht mehr so ganz rund lief in ihrer Gemeinschaft, seit er weitergereist war. Deshalb schickt er ihnen einen Brief, bald darauf sogar noch einen zweiten. Es sind die „Sorgen eines Seelsorgers", die ihn dazu bewegen – daher der Titel von Norbert Baumerts Buch über den 1. Korintherbrief. Und eine besonders große Sorge spricht Paulus hier an dieser Stelle an:

Da gibt es doch „einige", so hatte Paulus gehört, die zwar daran glauben, dass Gott *Jesus* aufgeweckt hat, aber der Meinung sind: „Eine *Auferstehung der Toten* gibt es nicht." Mit den Toten meinten sie ihre Verstorbenen. Dass Gott also zum Beispiel auch ihre verstorbenen Eltern aus dem Totsein aufgeweckt hat, daran glaubten sie nicht.

Wahrscheinlich hatte das etwas mit ihrer Vergangenheit zu tun: Sie werden wohl von der jüdischen Glaubensrichtung der Sadduzäer geprägt gewesen sein, und die dachten: Tot ist tot, basta – die Eltern, die Freunde, alle, die gestorben sind, mögen ruhen in Frieden ...

Aber da täuschen sie sich, das ist dem Paulus klar. In ihren Herzen war wohl noch nicht so ganz angekommen, was Jesus über *Gott* gesagt hatte: dass Gott die Menschen liebt – jeden einzelnen Menschen – und dass er nicht will, dass sie nach ein paar Erdenjahren wieder weg sind! Auf den Kopf drauf zu sagt ihnen Paulus: *„Einige Leute wissen nichts von Gott; ich sage das, damit ihr euch schämt."*

Tatsächlich hängt nämlich alles davon ab, so hatten wir es uns ja schon klargemacht, wie man von *Gott* denkt: Würde Gott uns nicht lieben, na dann bliebe wirklich nur noch „Ruhe in Frieden!" – schlaf weiter, aber für immer! Doch dann wäre Gott kein liebender Gott und würde auch Jesus nicht lieben. Er wäre eine herzlose, gefühllose überirdische Macht und würde weder Jesus noch uns aufwecken. Er hätte überhaupt kein Interesse an irgendeinem anderen, nur an sich selbst.

Deshalb sagt Paulus den Korinthern ganz klipp und klar:

Wenn es keine Auferstehung der Toten gibt, dann ist auch Christus nicht auferweckt worden.

Weil beides, ist ja logisch, miteinander zusammenhängt: Entweder liebt Gott oder er liebt nicht; und wenn er liebt, dann will er alle aufwecken, die er liebt: uns genauso wie Jesus und Jesus genauso wie uns. Und dann weckt er uns natürlich auf die gleiche Art auf, wie er Jesus aufgeweckt hat.

Manche Osterprediger zitieren übrigens Paulus aus dem Kopf und verdrehen dabei diesen wichtigen Gedanken; sie sagen dann einfach: „Wäre Jesus nicht auferstanden, dann würden auch wir nicht auferstehen." Das ist ja nicht ganz falsch, aber ganz richtig ist es trotzdem nicht. Denn dann steht man als Kleinbauer da und fragt sich: Und wer sagt mir, dass es wahr ist, dass *Jesus* auferstanden ist?

Paulus jedenfalls hat es in seinem Brief ganz anders formuliert. Denn er will, dass man drauf kommt: *Beides* hängt von Gott ab! Um das eine wie das andere glauben zu können, muss man von *Gott* her denken. Und weil es ihm so wichtig ist, dass seine Korinther beim Glauben mitdenken, wiederholt er sein Argument gleich noch zwei Mal, in zwei Sätzen hintereinander:

Er hat ihn (Jesus Christus) eben nicht auferweckt, wenn Tote nicht auferweckt werden. Denn wenn Tote nicht auferweckt werden, ist auch Christus nicht auferweckt worden.

Wirklich, wie wir von Gott denken und ob wir ihm vertrauen, dass er uns für immer will, daran hängt alles! Daran hängt der Glaube an die Auferweckung von Jesus und genauso der

Glaube an die Auferweckung unserer Verstorbenen. Entweder Gott kann und will beides, oder er kann und will beides nicht.

Aber würden wir nicht darauf vertrauen, dass er Jesus aufgeweckt hat, dann, sagt Paulus ganz zu Recht, wäre *„unsere Verkündigung leer, (und) leer auch euer Glaube“*. Dann wäre nämlich der ganze christliche Glaube nicht mehr als ein bisschen Gemeindeleben mit ein paar religiösen Zeremonien, von mir aus noch mit Weihrauch dazu, und nicht mehr als ein paar gut gemeinte, aber zwecklose Appelle zur Aufrechterhaltung der Moral; mehr nicht.

So. Und wie macht Gott das nun, uns aufwecken aus dem Totsein? Wie hat er Jesus aufgeweckt, und wie weckt er uns auf? Wie geht „aufwecken“ vor sich? – Genau so müssen die Frühchristen in Korinth auch gefragt haben, denn bei Paulus heißt es: *„Nun könnte einer fragen: Wie werden die Toten auferweckt, was für einen Leib werden sie haben?“*

Wie gesagt, was da genau vor sich gegangen ist in dem Moment, als Gott seinen Jesus aufgeweckt hat aus dem Totsein, das wissen wir nicht; das ist nicht „historisch greifbar“. Das beschreibt auch das Ostergedicht nicht und das beschreiben, wie wir noch sehen werden, auch die Ostererzählungen in den vier Evangelien nicht. Auch keine noch so empfindliche Kamera hätte das aufnehmen können, weil es ja *nach* dem Sterben stattgefunden hat – wenn auch sofort natürlich –, und weil nun mal alles, was „danach“ geschieht, überirdisch und damit für unsere Augen und für die Kameras unsichtbar ist.

Das weiß auch Paulus. Deshalb liefert auch er keine Beschreibung vom Aufwecken. Nur eines ist ihm klar: Gott *hat* Jesus aufgeweckt, und er weckt alle Menschen auf! – Und warum ist er sich da so sicher? Wegen Gott. Weil Gott das will und das kann.

Weil Gott eben ein richtiger Gott ist, nicht ein Gott, wie Menschen sich ihre Götter ausgedacht und vorgestellt hatten. Ein Gott, wie Jesus von ihm gesprochen hat. Darauf baut Paulus. Seit ihm Jesus „erschien", kann er sowieso nicht mehr anders.

Was weckt Gott auf? – Selbstverständlich nicht den „irdischen Leib", also nicht den biologischen Körper, wie wir ja wissen; nicht das, „was verwest", wie Paulus sagt, sondern den *Menschen*: also Jesus in seiner ganzen Persönlichkeit, mit allem, was er ist und was ihn ausmacht – genauso wie bei Lehmanns Margret und Lehmanns Karl und allen anderen auch. Norbert Baumert drückt das natürlich gelehrter aus: „Immer bleibt dabei die Identität des Menschen erhalten."

Damals, als ich Theologie studierte, hatte gerade in Westdeutschland ein Theologieprofessor die Meinung vertreten: „Auferstehung bedeutet: Die Sache Jesu geht weiter" – Jesus selber also ist tot, nur sein Anliegen „lebt" und wird durch die Kirche weitergetragen. Oh, hat der Dresche gekriegt! Nicht nur von unseren Erfurter Professoren, von evangelischen und katholischen Professoren in Westdeutschland auch, und auch ich dachte mir: Der kennt anscheinend weder Gott noch Jesus noch die Kirche ... Na ja, inzwischen weiß er selber, was Auferstehung ist.

Früher, aber erst lange nach Paulus, hat man gesagt: Gott weckt „die Seele" des Menschen auf. Auch damit war die ganze Persönlichkeit gemeint, nicht die „Psyche" bloß, in der die Psychologen rumkramen und die Hirnforscher irgendwelche Ströme messen, sondern alles, was diesen konkreten Menschen ausmacht: ihn selbst mit allem, wie er denkt und fühlt, mit allem, was er erlebt hat und was ihm wichtig geworden ist, mit seinen Erfahrungen und seiner Lebensgeschichte; und vor allem: mit allen im Herzen, die er liebt.

Aber wie wird der aufgeweckte Mensch dann aussehen? – *Aussehen* tut er natürlich gar nicht, für unsere jetzigen Augen, meine ich. Denn Gott gibt dem Menschen in dem Moment, in dem er stirbt, ja einen „überirdischen Leib", und den kann man eben mit irdischen Augen nicht sehen. Weil er nicht körperlich ist. Ganz genau übersetzt sagt Paulus: Gott gibt ihm einen „*geistigen* Leib"; damit meint er: ein Dasein in der Daseinsart, wie Gott selber da ist; oder in Theologensprache ausgedrückt: „in transzendent-göttlicher Seinsweise". Paulus, der natürlich genauso nur rumstammelt wie die Theologen und genauso um Worte ringt wie ich jetzt, sagt: Wir werden „nach dem Bild des *Himmlischen* gestaltet werden".

Gott selbst kann die Aufgeweckten selbstverständlich sehen, und die Aufgeweckten können Gott sehen und können einander sehen, aber mit den „Augen", die sie eben dann bei Gott haben. Wir brauchen also keine Bange zu haben, dass wir uns dann im Himmel nicht mehr richtig sehen, bloß weil wir unsere irdischen Körper nicht mehr haben. Wir erkennen uns dann schon wieder, keine Sorge! Und dann nicht nur äußerlich, sondern ganz tief von Herz zu Herz. – Klar, vorstellen kann man sich das jetzt nicht, aber es wird ganz, ganz doll sein!

Und nun zur wichtigsten Frage:

Wie kriegt Gott das hin?

Wie macht er das mit dem Aufwecken konkret, was passiert im Augenblick des Aufweckens aus dem Totsein? – Noch mal: Dazu sagt Paulus gar nichts, und an anderen Stellen in der Bibel steht dazu auch nichts. Logisch: Weil wir eben in diesen Augenblick mit unseren Augen keinen Einblick haben.

Trotzdem würden wir Kleinbauern es so gern wissen. Ich natürlich auch, ich habe schon viel darüber nachgedacht … Na gut, ich sag mal, wie ich es mir vorstelle:

Also ich stelle mir vor, dass Gott mich jetzt, während ich auf Erden lebe, in seiner großen, starken Hand hält – bildlich gesprochen natürlich. Dass ich jetzt schon siebzig Jahre lang da bin, verdanke ich dieser starken, liebevollen Hand. Würde mich Gott aus seiner Hand fallen lassen, dann wäre ich nicht mehr da, dann gäb's mich nicht mehr …

Nun könnte man denken, beim Sterben lässt mich Gott aus der Hand fallen. Aber genau das macht er nicht! Denn sonst wäre es dann aus und vorbei mit mir, und das will er ja nicht. Nein, er legt mich einfach aus seiner einen Hand in seine andere Hand. Nicht meinen verweslichen Körper, aber *mich*, meine Persönlichkeit, meine „Identität", mich, den Reinhard. Und diesen Reinhard hält er dann in der anderen Hand, mit der er alles „überirdische", alles „himmlische Dasein" trägt. Gott packt mich also um, von der einen Hand in die andere – *so* macht er das! Und zwar in dem Moment, wo ich gestorben bin und er mich aufweckt.

Wie gesagt, so stelle ich mir das vor. Von einer Vision oder so habe ich das nicht her. Es ist einfach so meine kleinbauernmäßige Vorstellung. Doch die hilft mir sehr, auch wenn ich an ganz liebe Menschen denke, die einmal sterben werden oder schon gestorben sind. Und warum sollte man nicht kleinbauernmäßig denken dürfen, wenn man nun mal Kleinbauer ist! Gott wird zwar schmunzeln über solche Gedanken, aber er schmunzelt sehr, sehr liebevoll …

Doch da gibt es noch

für Gott: Er will auch Großbauernseelen das „himmlische Dasein“ schenken, keine Frage – aber was ist, wenn die nicht wollen? Ich meine damit natürlich nicht Bauern, die besonders viele Felder und Wiesen zu bestellen haben, sondern Menschen, ob vom Dorf oder aus der Stadt, die immer nur raffen und raffen und den Schlund nicht vollkriegen können und an nichts und niemanden anderes denken als bloß an sich selbst. Das sind Leute, die wollen nicht mal sterben, geschweige denn, dass sie in Gottes Himmel wollen. Was soll Gott mit denen machen? Da hat er wirklich ein Problem!

Wie gesagt, auch da weiß Paulus Rat. Zumindest hat er einen interessanten Vorschlag – was Gott draus macht, bleibt natürlich seine Sache.

Also, Paulus sagt:

... die Toten werden als Unverwesliche auferweckt,
wir aber werden verwandelt werden.

Nie wäre ich von allein draufgekommen, dass Paulus hier unterscheidet: zwischen den *Toten* – das sind alle, die gestorben sind – und denen, die er mit *„wir“* bezeichnet, wozu er also seine Korinther und sich selber zählt. Von den Toten, also allen, sagt er, dass sie *auferweckt* werden, und von den anderen, dass sie *verwandelt* werden.

Wie gesagt, darauf wäre ich nicht selber gekommen, darauf hat mich erst das Buch von Norbert Baumert gebracht. Der konnte nämlich nicht nur Griechisch lesen, der konnte auch griechisch denken; das hat er mir damals in unserem Gespräch gesagt. Altgriechisch denken, wohlgemerkt! Und dadurch kam er dahinter, was Paulus an dieser Stelle meint: „Alle werden ‚aufwachen' zu einer für sie neuen Existenz, doch nicht alle werden ‚verwandelt' werden", so schreibt er in seinem Buch.

Das heißt also: Alle, die sterben, werden von Gott aufgeweckt. Alle. Aber *verwandelt* – Norbert Baumert schreibt: „endgültig und restlos umgeformt" – in die Daseinsart Gottes, das werden nur die, die das auch selber wollen.

Klar, das Leben bei Gott, das Leben in herzlicher Liebe zueinander und miteinander für immer, das muss man schon auch selber wollen. Bei seinen Korinthern und bei sich selbst ist sich Paulus da ziemlich sicher, aber ob auch Leute mit einer hartnäckigen „Großbauern"-Mentalität das wollen, das kann keiner so genau wissen, auch Paulus nicht.

Kleinbauern, egal welche, also auch ganz normale, sind ja irgendwie schon auf ein liebevolles Leben miteinander eingestellt. Aber Leute, die ein Leben lang über Leichen gegangen sind? Für die wäre das eine beträchtliche Veränderung! Jedenfalls: *verwandeln* in die himmlische Art, Mensch zu sein, kann Gott sie nur, wenn sie damit einverstanden sind – sonst müssten sie ja dann im Himmel lieben auf Befehl, und das geht nicht, für immer sowieso nicht.

Aber, so denkt Paulus weiter, Gott weckt auch sie auf, damit sie erst mal sehen, was er ihnen schenken möchte! Und damit sie erst mal sehen, wie sehr sie ein Leben lang danebengelebt haben, wie viel Mist sie gebaut haben und was sie dabei angerichtet haben! Dann könnte es ja sein, dass sie doch noch was kapieren ... Und dann könnte Gott so einem Menschen sagen: „Komm, ich will dein kaltes Herz in ein liebevolles Herz verwandeln ..." Und wenn so jemand dann auch noch hört, dass Gott zu ihm sagt: „... und den ganzen Mist, für den du dich jetzt zu Tode schämst, den will ich in Dung verwandeln", dann ---

Doch, das ist ein sehr guter Vorschlag: *aufwecken* erst mal alle – alle! Und dann, in einem zweiten Schritt, das Herz *verwandeln*, soweit nötig. Dann könnten wir auch für solche Menschen noch Hoffnung haben. Und vor allem: Das würde das Problem lösen, das *Gott* mit ihnen hat. Denn dann könnte er vielleicht auch ihnen schenken, was er jedem – jedem! – Menschen schenken will.

Und selbstverständlich, da ist sich Paulus sicher, wird Gott beides „in einem Augenblick" bewerkstelligen, *„in einem Nu"*, wie Fridolin Stier übersetzte.

Es könnte natürlich auch sein, dass Paulus diesen Vorschlag nicht gemacht hat, damit Gott darüber nachdenkt, sondern damit seine Korinther darüber nachdenken, bei Gelegenheit mal, bevor sie alle Großbauern „in die Hölle schicken" – und darüber, was das für Gott bedeuten würde, wenn er auch nur einen einzigen von seinen Menschen verlieren würde ...

Bei Gelegenheit, wie gesagt. Schließlich haben Kleinbauern über mehr nachzudenken als bloß über Großbauern. Vor allem haben sie auf dem Acker zu tun und müssen sich um ihre Schafe kümmern, da bleibt zum Nachdenken nicht viel Zeit; bei Kleinbauern aus der Stadt ist das nicht viel anders. Höchstens abends ist dafür Zeit – damals jedenfalls war's so. Am liebsten saßen sie dann mit anderen zusammen und dachten gemeinsam nach. Auch mal über Großbauern, klar, aber meistens über Gott und die Welt, über alles eben.

Die Leute in Korinth und in den anderen Christengemeinschaften, die in immer mehr Orten rund ums Mittelmeer entstanden, sprachen natürlich außerdem über Jesus, jede Woche beim gemeinsamen Gottesdienst sowieso. Und mit Sicherheit sprachen sie dann auch darüber, dass Jesus von Gott aufgeweckt worden ist. Sie dachten über das kleine Ostergedicht oder Osterlied nach, das sie alle kannten,

und dann erzählten sie sich Geschichten

darüber, wie Jesus auferstand. Denn über die Worte „er ist aufgeweckt worden" und „er erschien" bloß immer nur nachzudenken, das war auf die Dauer sehr anstrengend – zumal damit etwas Unsichtbares gemeint ist. Wir haben ja gerade selbst gemerkt, wie anstrengend das ist.

Und wenn sie sich noch dazu darüber austauschen wollten, wie es ist, wenn man im Herzen mit dem aufgeweckten Jesus *lebt*, dann war es erst recht schwierig, bloß immer nur mit Worten aus dem Glaubensbekenntnis zu reden. Kleinbauern brauchen auch Bildworte und Geschichten, um auszudrücken, was ihre Herzen bewegt. Weil Kleinbauern eben, wir wissen das ja von uns selbst, im Verstand auch das Herz haben (den Verstand im Herzen natürlich sowieso). – Hans Kessler, dessen neues Buch, das Alterswerk eines großen Theologen, ich schon nannte, beschreibt das auf Seite 76 so: „... diese Ostererzählungen sind *keine* historischen Erlebnisberichte oder Reportagen der Osterereignisse (man darf sie nicht wie Zeitungsberichte lesen), sondern sie sind *spätere erzählerische Inszenierungen* des ursprünglichen Osterbekenntnisses (‚Jesus ist auferweckt') und der Ostererfahrung (‚er erschien'). Sie geben einem Bedürfnis des Menschen nach und veranschaulichen das wesentlich Unanschauliche (den Glauben an die Auferstehung und ihre Offenbarung) in anschaulichen und einprägsamen Erzählungen."

Einer, der aus den kurzen Bekenntnisformeln und dem Antiochenischen Glaubensbekenntnis eine solche Geschichte machte, war Markus. Sie steht am Schluss des Markusevangeliums, es sind die ersten acht Verse im 16. Kapitel. Danach kommen zwar noch ein paar Verse, aber die stammen nicht von Markus, die wurden gut hundert Jahre später von anderen noch mit hinzugefügt.

Es war um das Jahr 70, als Markus sein Evangelium und diese kleine Ostererzählung aufschrieb, etwa zehn Jahre, nachdem Paulus gestorben und aufgeweckt worden war. Seit der Auferweckung von Jesus waren zu der Zeit schon vierzig Jahre vergangen. Wie die allermeisten in seiner Christengemeinde war auch Markus damals in Jerusalem nicht mit dabei gewesen, aber er hatte natürlich viel, sehr viel über Jesus gehört.

Jedenfalls hat Markus – sicherlich zusammen mit anderen aus seiner Gemeinschaft – aus dem Oster-*Gedicht* eine Oster-*Geschichte* gemacht.

Sein Evangelium muss sehr begehrt gewesen sein, denn schon etwa zwanzig Jahre später war es auch in anderen Christengemeinden bekannt. Matthäus und Lukas haben es sogar als Grundlage genommen, um daraus noch längere Evangelien zu machen. Jeder der beiden fügte dabei der Ostergeschichte des Markus noch weitere Ostergeschichten hinzu. Und diese Ostergeschichten regten dann die Christen in der Gemeinde, in der das Johannesevangelium entstand, dazu an, sich ebenfalls Ostergeschichten auszudenken, mit denen sie weitervermitteln konnten, dass Jesus nicht weg ist – und wie doll es ist, mit ihm im Herzen zusammenzuleben.

Übrigens: Alles, was ich hier gerade über Markus und die Schreiber der drei anderen Evangelien erzähle, könnte ich viel kürzer formulieren, nämlich mit einem Satz, einem einzigen, aus dem Buch von Professor Zeilinger, das ich schon nannte. Er schreibt kurz und knapp: „Der Geniestreich des Markus, das Grundbekenntnis der Kirche (1 Kor 15,3–5) in *erzählerische* Formen zu gießen, löste, wie die späteren Evangelien beweisen, eine literarische Wirkungsgeschichte aus." – Nun ja, ich hab's eben ein bisschen „erzählerischer" geschrieben ...

Jedenfalls: Markus hat die Osterbotschaft nicht als Lehre definiert, sondern sie *erzählt*. Er und die Schreiber der anderen drei Evangelien haben *Geschichten* erzählt, damit die Osterbotschaft auch die Herzen erreicht, nicht bloß die Köpfe – beides eben. Deshalb waren diese Ostergeschichten für die Kleinbauern in den Frühchristengemeinden genau das Richtige. So wie ja auch die Weihnachtsgeschichten, die Matthäus und Lukas erzählten. Und deshalb können sie heute noch Kleinbauern am besten verstehen. – Wenn Markus nun in seiner Ostergeschichte

vom leeren Grab

erzählt, dann meint er ---

Nein, ich schreibe seine Ostergeschichte erst mal ab. Zur Abwechslung aus der evangelischen Bibel; auf kleine Unterschiede zur katholischen Einheitsübersetzung weise ich dann hin, wo's nötig ist.

Und als der Sabbat vergangen war, kauften Maria von Magdala und Maria, die Mutter des Jakobus, und Salome wohlriechende Öle, um hinzugehen und ihn zu salben.

Und sie kamen zum Grab am ersten Tag der Woche, sehr früh, als die Sonne aufging.

Und sie sprachen untereinander: Wer wälzt uns den Stein von des Grabes Tür?

Und sie sahen hin und wurden gewahr, dass der Stein weggewälzt war; denn er war sehr groß.

Und sie gingen hinein in das Grab und sahen einen Jüngling zur rechten Hand sitzen, der hatte ein langes weißes Gewand an, und sie entsetzten sich. Er aber sprach zu ihnen: Entsetzt euch nicht! Ihr sucht Jesus von Nazareth, den Gekreuzigten. Er ist auferstanden, er ist nicht hier. Siehe da die Stätte, wo sie ihn hinlegten. Geht aber hin und sagt seinen Jüngern und Petrus, dass er vor euch hingehen wird nach Galiläa; dort werdet ihr ihn sehen, wie er euch gesagt hat.

Und sie gingen hinaus und flohen von dem Grab; denn Zittern und Entsetzen hatte sie ergriffen.

Und sie sagten niemandem etwas; denn sie fürchteten sich.

Und ... Und ... Und ... – doch, Martin Luther hat das richtig übersetzt: Im griechischen Originaltext stehen wirklich so viele „Und". Wenn man erzählt, macht man das nun mal so. Ich ja auch. In diesem Kleinbauernbuch gibt es viele Und ... – falls die Lektorin, die jedes Komma findet, das fehlt, sie mir vor dem Druck nicht noch wegstreicht. Und vielleicht haben ja die katholischen Einheitsübersetzer hier wegen der Lektoren gleich von vornherein die Unds weggelassen – schade!

Markus erzählt also, dass das Grab geöffnet und leer war, als die Frauen am Sonntag früh dort ankamen. (In dem Fall war das Grab, so müssen wir wissen, eine Felsenhöhle, deren Eingang nach einer Beisetzung mit einem großen, schweren Rollstein verschlossen wurde.)

Ein leeres Grab? Im Ostergedicht, dem ältesten Glaubensbekenntnis der Christenheit, steht davon aber gar nichts! In den Briefen von Paulus auch nicht. Nicht einmal in den langen Reden in der Apostelgeschichte, in denen Petrus, Stephanus und Paulus ausführlich auf die Ereignisse in Jerusalem zu sprechen kommen. Nirgends. An keiner einzigen Stelle im gesamten Neuen Testament steht etwas von einem leeren Grab – nur in der Ostergeschichte des Markus und dann in den späteren Ostergeschichten der anderen drei Evangelien. Na, da kommt man doch ins Nachdenken ...

Seltsam ist auch, dass Markus erzählt, die Frauen hätte das *Zittern und Entsetzen* gepackt, sie seien Hals über Kopf *geflohen* und hätten dann niemandem etwas davon gesagt, obwohl Markus doch schreibt, der Jüngling hätte gesagt, dass sie es weitersagen sollten, den Jüngern und Petrus wenigstens. Wirklich seltsam! – Wir merken schon, irgendwie war Markus wohl selber nicht so ganz glücklich über das leere Grab.

Selbst ausgedacht kann Markus sich das leere Grab demnach nicht haben. Und dabei gewesen damals bei der Auferweckung war er ja ohnehin nicht. Er muss also davon gehört haben. Irgendjemand muss gesagt haben, das Grab sei leer gewesen. Aber ganz bestimmt nicht jemand aus der ersten und zweiten Christengeneration, denn so etwas Wichtiges hätte doch auch im Antiochenischen Glaubensbekenntnis gestanden, und spätestens Paulus hätte doch in seinem Auferweckungskapitel im 1. Korintherbrief auf das leere Grab Bezug genommen. – Doch *warum* wurde es erzählt, und

was war damit gemeint?

Dass das Grab von Jesus tatsächlich leer war, kann ja nun wirklich nicht gemeint gewesen sein. Nicht nur deshalb nicht, weil man dann von Anfang an davon erzählt hätte, sondern aus einem noch viel wichtigeren Grund: Jesus ist doch *aufgeweckt worden*, und aufgeweckt wird doch – bei Lehmanns wie bei Jesus – *nicht das, was verwest,* wie Paulus uns klargemacht hat. Aufgeweckt wurde *Jesus*, er in seiner Persönlichkeit! Nicht der irdische Leichnam.

Bei meinem Nachdenken ist mir mal aufgegangen, vor gar nicht langer Zeit, dass es mit dem Wort vom „leeren Grab" ungefähr so gewesen sein muss wie bei meinen Eltern zum Beispiel. Die sind vor über zehn Jahren kurz nacheinander gestorben, und ihr Grab ist dort, wo meine Schwester wohnt. Weil ich nicht oft dorthin fahren kann, hat mir meine Schwester mal gesagt: „Du kannst doch auch bei dir im Kloster an sie denken und in deinem Herzen mit ihnen zusammen sein – hier im Grab sind sie doch sowieso nicht." Sie selber, sagte sie noch dazu, unterhält sich mit ihnen ja auch nicht nur, wenn sie an ihrem Grab die Blumen gießt – „Sie sind doch bei Gott, und der ist auch bei mir in der Küche und im Garten." Volltreffer! Na klar, dachte ich, im Grab sind sie nicht, sie leben bei Gott! Und mit Gott zusammen sind sie immer ganz nahe um mich herum und sogar in mir drin ... Und dabei fiel mir sofort der Ausdruck ein: „Ihr Grab ist leer."

Ja, so muss es auch damals gewesen sein. Da sagten dann auch manche Christen zueinander: „Das Grab von Jesus ist leer! Er lebt bei Gott – und er ist hier, hier in unserer Mitte ..."

Nun war mir auch klar, was die Bibelexperten meinen, wenn sie sagen, das Wort „das Grab ist leer" sei eine Redewendung, ein *Bild*-Wort: Es drückt dasselbe aus wie „er ist aufgeweckt worden" in den alten Bekenntnisformeln und im Ostergedicht, bloß anders: bildlich eben.

Mein Bruder übrigens, der zehn Jahre jünger ist als ich, der hatte eine ganz wunderbare Idee. Der hat aus dem Bild-*Wort* „das Grab ist leer" ein Bild-*Werk* gemacht. Er hat Schmied gelernt und ist außer Kleinbauer ein richtig guter Kunstschmied geworden, und als unsere Eltern gestorben waren, hat er ihnen ein Grabmal geschmiedet. Wenn man davor steht, sieht man, wie Jesus sich vom Kreuz herabbeugt und seine große, starke Hand dem Grab entgegenstreckt: Jesus holt die Eltern aus dem Grab heraus – ihr Grab „ist leer". Wenn ich hin und wieder mal dort an ihrem Grab stehe, höre ich unsere Eltern sagen: „Das hat der Junge schön gemacht! Denkt immer dran, Kinder, hier im Grab sind wir nicht!"

Inzwischen habe auch ich schon manchen Leuten gesagt: „Ach weißt du, das Grab von deiner verstorbenen Frau ist leer – sie ist bei Gott, und der ist mit ihr zusammen überall da, wo du gerade bist ..." Und dann leuchten immer die Augen.

Nein, stimmt nicht ganz, immer leuchten die Augen nicht. Ich habe auch schon Leute erlebt, die dann ganz komisch guckten und, wie mir schien, an meinem Verstand zweifelten. Seitdem sage ich so was lieber nur noch Kleinbauern – Herzenskleinbauern, die verstehen, was ich meine.

Und das muss damals, zu Markus' Zeiten, wohl auch vorgekommen sein. Da wird es ebenfalls, genauso wie heute, Leute gegeben haben, die dieses wunderbare Wort vom „leeren Grab" einfach nicht verstanden. (Es gab ja schon damals nicht nur Herzenskleinbauern auf der Welt.) Die haben dann genauso komisch geguckt. Und manche von ihnen müssen sogar gedacht haben, die Christen glauben wirklich, dass der Leichnam von Jesus weg war. Sie haben das Bild für bare Münze genommen – und dann gingen die Verschwörungstheorien los: Die Jünger selber hätten, damals in Jerusalem, den Leichnam aus dem Grab geholt, hieß es; Jesus wäre nur scheintot gewesen, sie hätten ihn wieder aufgepäppelt und dann habe er irgendwo anders weitergelebt ...; oder die Christen hätten das leere Grab gar absichtlich erfunden, um damit beweisen zu wollen, dass ihr sogenannter Messias der „Sohn Gottes" sei ... – und alles so was.

So oder so ähnlich muss es gewesen sein. Da kann man verstehen, dass Markus über das Wort „das Grab war leer" gar nicht so glücklich war! Er hat es trotzdem aufgegriffen, weil es in seiner Gemeinde bekannt war, und hat daraus eine Geschichte gemacht. Aber er hat sie so erzählt, dass seine Leute kapieren sollten, dass man vorsichtig umgehen muss mit diesem Wort!

Ähnlich haben es dann später die anderen Evangelienschreiber gemacht, als sie seine Ostergeschichte kennenlernten und sie in ihre Evangelien übernahmen. Doch sie haben sie ein wenig verändert, damit die Christen in ihren Gemeinden – eine Generation später und an ganz anderen Orten – ebenfalls verstehen, was mit dem Wort „das Grab war leer" gemeint ist.

Und natürlich auch, was damit nicht gemeint ist. Denn inzwischen muss es Christen gegeben haben, die es tatsächlich wortwörtlich nahmen und ihren ganzen Glauben an die Auferweckung an einem buchstäblich leeren Grab festmachten. Sie dachten, der irdische Leib von Jesus, also sein Leichnam, sei wieder lebendig geworden und habe das Grab verlassen, und das sei der Beweis dafür, dass Jesus von Gott aufgeweckt worden ist. Irgendwie kennen wir das ja, denn diese Vorstellung ist auch heute noch verbreitet – und wehe, man sagt etwas dagegen ...

Aber diese Vorstellung stimmt doch nicht! Der Glaube an die Auferweckung von Jesus hängt doch nicht davon ab, ob sein Grab tatsächlich leer war oder nicht. Meine Eltern zum Beispiel liegen doch auch im Grab, also ihre Körper, ihre irdischen Leiber, und ich reg mich darüber nicht auf! Wichtig ist doch, dass sie selbst, also das Eigentliche von ihnen, bei Gott sind und mir mit Gott zusammen immer nahe sind. Und bei Jesus ist es genauso: Wichtig ist doch, dass Gott ihn aufgeweckt hat aus dem Totsein, und dass er wirklich lebt und uns wirklich immer nahe ist!

Ums ganz deutlich zu sagen: Der Grund, warum ich daran glaube, dass Jesus lebt, ist nicht, weil das Grab leer gewesen wäre, sondern weil ich mir sicher bin, dass es Gott gibt und der ihn beim Sterben nicht einfach hat ins Nichts fallen lassen. Und dass es Gott gibt, einen Gott, der uns nicht totgehen lässt, das sagt mir allein schon mein Herz und mein Verstand! Wegen *Gott* glaube ich, dass Jesus auferstand, nicht wegen eines leeren Grabes.

Mal angenommen, die Archäologen würden morgen in Jerusalem ein paar Knochen finden und nachweisen können, dass sie von Jesus sind – das würde doch meinen Glauben, dass Jesus von Gott aufgeweckt worden ist, nicht ins Wanken bringen!

Nun ja, im Theologiestudium hatte uns mal ein Professor gesagt – es war aber nicht der Bibelprofessor –, dass die Erzählungen vom Auffinden des leeren Grabes als *Bericht*, also wortwörtlich, zu verstehen seien. Auch später habe ich das immer wieder mal in Theologenbüchern gelesen. Es hieß dann immer, der Leichnam von Jesus sei aus dem Grab auferstanden, weil Gott uns Menschen ein „Zeichen“ geben wollte, damit wir an seine Auferweckung glauben können. Also doch wieder so eine Art Beweis für die Auferstehung von Jesus. Aber das hat mir nie so richtig geholfen. Wenn ich das nämlich anderen weitererzählte, kam von Kleinbauern nicht selten die Frage: „Und wer beweist mir, dass das Grab leer war?“ Einer fragte sogar mal: „Und wo ist denn der Leichnam, der aus dem Grab kam, nun hin? Der muss ja dann noch irgendwo sein! Ist der jetzt als irdischer Körper bei Gott im Himmel oder hat er sich dann doch noch in Luft aufgelöst?“ – Solche Kleinbauernfragen haben meinen Glauben dann doch ganz schön ins Wanken gebracht; meinen Glauben an manche Theologen, meine ich.

Aber irgendwie hat mir der Heilige Geist immer wieder aufgeholfen. Durch ein Buch des katholischen Bibelprofessors Jacob Kremer aus Wien zum Beispiel: Es heißt DIE OSTEREVANGELIEN – GESCHICHTEN UM GESCHICHTEN und ist in dem Jahr herausgekommen, als ich gerade in Görlitz meine erste Kaplansstelle angetreten hatte. Hier nur mal die Zeilen daraus, mit denen das Buch beginnt: „Die Osterevangelien, die von der Entdeckung des geöffneten, leeren Grabes und von den Erscheinungen des Auferstandenen handeln, wurden bis vor Kurzem in kirchlichen Kreisen fast allgemein nach Art protokollarischer Berichte aufgefasst und oft als Beweise für die Wirklichkeit der Auferstehung bewertet. Das ist nach übereinstimmender Auskunft der Bibelwissenschaftler heute nicht mehr möglich. In Fachkreisen werden diese Perikopen meist Ostererzählungen oder Ostergeschichten genannt ...“

Na gut, das hat der Professor 1977 geschrieben. Die Jungkleinbauern in Görlitz, denen ich damals Religionsunterricht hielt, hatten das, was er hier schreibt, selbstverständlich schon lange vorher geahnt; das merkte ich an ihren vielen Fragen ...

Doch zurück zur Ostergeschichte des Markus und zu der Frage, wie sie dann später bei den anderen Evangelienschreibern weitererzählt wurde. – Wie gesagt, Markus hat das wunderbare Wort vom „leeren Grab“, das manche aber auch missverstanden hatten, aufgegriffen und daraus eine Ostergeschichte gestaltet. Und die haben er und später dann die anderen so erzählt, dass die Leute in ihren Gemeinden verstehen konnten,

worauf es ankommt

im Leben mit dem aufgeweckten Jesus. Worauf es wirklich ankommt! – Wichtig ist doch, dass Gott ihn aufgeweckt hat aus dem Totsein, egal wie, und dass er wirklich lebt und uns wirklich immer nahe ist! Und wichtig ist, dass wir das nicht nur irgendwie „glauben“, sondern dass etwas läuft in unseren Herzen zwischen ihm und uns: dass ich mit ihm rede und dass ich zu ihm hinhöre, still im Herzen – was sogar im Kloster möglich ist! *Darauf* kommt es doch an. Und genau davon handeln die Ostergeschichten der vier Evangelien.

Die vier Geschichten vom „leeren Grab“ würde ich ja hier am liebsten in vier Spalten nebeneinander schreiben: in die eine Spalte die Ostergeschichte von Markus, links daneben die von Matthäus und rechts daneben die von Lukas – wir könnten dann gleich auf einen Blick sehen, dass Matthäus und Lukas den Text von Markus übernommen, aber auch verändert haben. Und in die vierte Spalte würde ich die Erzählung aus dem Johannesevangelium setzen, die ebenfalls das Wort vom „leeren Grab" aufgreift, woraus aber eine ganz eigene Ostergeschichte geworden ist. – Leider kann ich die vier Spalten hier nicht abdrucken lassen, dafür müssten die Buchseiten viel breiter sein. Doch dann würde unser Osterbuch für Kleinbauernverhältnisse ziemlich teuer werden, und das muss ja nicht sein.

Die „Fachkreise", von denen der Professor Kremer damals schrieb, nennen eine solche Gegenüberstellung *Synopse*, zu Deutsch: Zusammenschau. Es gibt sie übrigens richtig als Buch, mit den kompletten Evangelientexten natürlich, auf Katholisch, Evangelisch und sogar auf Griechisch. Wer will, kann sich eine solche SYNOPSE ja mal für ein paar Tage ausborgen. Die Pfarrerinnen und Pfarrer und die Gemeindereferentinnen und so haben meistens eine, und falls sie nicht gleich wissen, wo sie im Bücherregal steht, kann man ihnen mit einem Jesuswort auf die Sprünge helfen: „Wer sucht, der findet!" Dann wird's schon klappen. Wenn nicht, blättern wir eben in der Bibel hin und her.

Die Ostergeschichte des Markus hatte ich ja schon rausgeschrieben (siehe ein paar Seiten zuvor) und auch schon kurz erläutert. Was Matthäus und Lukas daran verändert haben, schauen wir uns bei Matthäus im 28. Kapitel (Verse 1–15) und bei Lukas im 24. Kapitel (Verse 1–12) an. Damit wir nicht zu viel blättern müssen, beschränke ich mich auf das Wichtigste – und

das Wichtigste

in der Geschichte des Markus ist der evangelische „Jüngling" beziehungsweise der katholische „junge Mann". Der sagt nämlich den evangelisch „entsetzten“ und katholisch „erschrockenen“ Frauen: *„Er ist auferstanden, er ist nicht hier“* – und wir wissen ja, was er auf Griechisch wirklich sagt: „Er ist *aufgeweckt worden*, er ist nicht hier.“

Den Leuten in der Markus-Gemeinde ist dann ganz bestimmt sofort wieder klar gewesen, was mit ihrer bildlichen Redewendung „das Grab ist leer“ gemeint ist: Gott hat Jesus aufgeweckt aus dem Totsein, aber er hat natürlich nicht den irdischen Leib von Jesus wiederbelebt! Gott hat *Jesus selbst* aufgeweckt. Ihn in seiner eigentlichen, „geistigen“ Persönlichkeit. Und zwar nicht ins irdische, sondern ins *göttliche Dasein* hinein.

Damit das wirklich allen ein für alle Mal klar ist, lässt Markus seinen Jüngling gleich noch im selben Satz dazusagen: *„... er ist nicht hier“* – also genau dasselbe, was mir meine Schwester klargemacht hat: „Unsere Eltern sind doch nicht hier im Grab!“

Wie der Professor Zeilinger schon sagte: Das so zu erzählen, war echt ein „Geniestreich“ von Markus und von meiner Schwester!

Matthäus und Lukas haben diesen Satz dann später von Markus übernommen, nur dass ihn bei Lukas gleich „zwei Männer“ und bei Matthäus sogar „ein Engel des Herrn“ sagen, um ihn noch mehr zu betonen. Und den zweiten Teil des Satzes – „er ist nicht hier“ – haben beide vor den ersten Teil gesetzt, damit das alles noch klarer rüberkommt: *„Er ist nicht hier, denn (sondern) er ist aufgeweckt worden.“*

Lukas hat dabei wahrscheinlich vor allem an die Christen gedacht, die das Bildwort „das Grab ist leer“ inzwischen wortwörtlich auffassten und im leeren Grab einen Beweis für die Auferweckung von Jesus sehen wollten. Deshalb lässt er seine

„zwei Männer" zuvor noch einen Satz mehr sagen: *„Was sucht ihr den Lebenden bei den Toten?"* – dabei hört man natürlich sofort raus, was er ihnen eigentlich sagen will: Wie könnt ihr nur so dämlich sein ...!

Und dann werden die Frauen bei Markus zu *„seinen Jüngern und dem Petrus"* geschickt und sollen ihnen sagen: *„Er geht euch voraus nach Galiläa, dort werdet ihr ihn sehen ..."* – also in der Küche und im Garten, wie meine Schwester schon sagte. In *Galiläa* eben, dort, so will Markus sagen, wo ihr wohnt und lebt: beim Fischen, beim Schafe Hüten, bei der Arbeit auf dem Acker, in der Küche und im Weinberg. *Dort* werdet ihr den aufgeweckten Jesus „sehen" – nicht mit den äußeren Augen natürlich, sondern im Herzen; *dort* wird er euch „erscheinen" und euch im Herzen nahe sein ...

Wie wichtig gerade dieser Hinweis ist, zeigt sich daran, dass Matthäus ihn nicht nur übernimmt, sondern ihn gleich zweimal sagen lässt: zuerst durch den Engel und dann noch einmal durch den aufgeweckten Jesus höchstpersönlich: *„Geht und sagt meinen Brüdern, sie sollen nach Galiläa gehen und dort werden sie mich sehen."*

Lukas formuliert den Satz etwas um und lässt die zwei Männer zu den Frauen sagen: „*Erinnert* euch daran, was er euch gesagt hat, als er noch in Galiläa war ..." – dass er nämlich gesagt hat, er werde „gekreuzigt werden" und „am dritten Tage auferstehen". *Daran* sollen sie sich erinnern! Und natürlich meint Lukas auch: Erinnert euch daran, was er überhaupt so alles über Gott gesagt hat! Denn wer Gott wirklich ist, wie er in seinem Gottesherzen denkt und fühlt und was wir Menschen ihm bedeuten, das war ja immer das Hauptthema gewesen, wenn Jesus in Galiläa mit ihnen geredet hatte. Eigentlich klar, warum Lukas den Markus-Satz so umformulierte: Weil man nur kapiert, was Auferweckung ist und wie Auferweckung vor sich geht, wenn man sich immer wieder bewusst macht, wer *Gott* ist! Dann braucht man nämlich kein leeres Grab als Beweis für die Auferweckung von Jesus – und für die Auferweckung zum Beispiel der verstorbenen Eltern auch nicht.

Markus lässt, wie schon gesagt, die Geschichte damit enden, dass die Frauen vor Schrecken und Entsetzen fliehen und doch nicht zu den Jüngern und zu Petrus gehen; er schreibt: *„... sie sagten niemandem etwas; denn sie fürchteten sich."* Markus will ja den Leuten in seiner Gemeinde klarmachen – „erzählerisch" –, dass man vorsichtig umgehen muss mit dem Wort „das Grab war leer" und es lieber nicht einfach so weitersagen sollte. Denn es ist ein wunderbares Wort, ja; aber es kann eben auch missverstanden werden.

Matthäus, fünfzehn/zwanzig Jahre nach Markus, weiß ebenfalls um die Verschwörungstheorien, die manche daraus machten. In Vers 11–15 kommt er darauf zu sprechen: *„Seine Jünger sind bei Nacht gekommen und haben ihn gestohlen ..."* – dieses *„Gerücht"* sei *„bis heute"* verbreitet, schreibt er. Und das trifft ja sogar für unsere Zeit noch zu: Jesus habe dann in Indien gelebt, wird da zum Beispiel herumfantasiert, oder er sei mit Maria Magdalena nach Frankreich gereist und dort hätten sie geheiratet.

Lukas allerdings lässt die Frauen dann doch zu *„den Elf und den anderen Jüngern"* gehen (Vers 9–11). Und was passiert? Klar: *„Die Apostel hielten das alles für Geschwätz und glaubten ihnen nicht."* Ein tatsächlich leeres Grab, will Lukas seiner Gemeinde sagen – auch er „erzählerisch" natürlich –, wäre überhaupt kein Beweis und würde niemanden von der Auferweckung überzeugen, nicht mal Apostel!

Also noch mal: Das Wichtigste an der Osterbotschaft ist, dass Jesus von Gott *aufgeweckt* worden ist aus dem Totsein, und zwar ins *göttliche Dasein* hinein. Und worauf es ankommt, ist, dass wir daran nicht nur irgendwie „glauben", sondern dass wir mit dem aufgeweckten Jesus auch *leben* – mitten in unserem „Galiläa".

Das Markusevangelium endet mit der Ostergeschichte vom „leeren Grab". Matthäus und Lukas, die sie übernommen haben und dabei etwas verändern und ergänzen, erzählen danach noch weitere Ostergeschichten, und noch weitere finden wir im Johannesevangelium. Die sind von solcher Schönheit und Tiefe, dass man ein Jahrhundert später eine Zusammenfassung davon noch an das Markusevangelium mit drangehängt hat (die Verse 9–20). Und bloß gut! Denn nun konnten Kleinbauern auch nach diesem Evangelium, das mit dem „Schrecken und Entsetzen" der Frauen endete, herzensfroh das Oster-Halleluja singen.

Von den weiteren Ostererzählungen schauen wir uns als Erstes die Geschichte

vom leeren Grab im Johannesevangelium

an. Sie wird im 20. Kapitel erzählt. Vorwegschicken muss ich, dass die meisten Bibelwissenschaftler der Meinung sind, diese Ostergeschichte sei aus mehreren Ostergeschichten zusammengefügt worden; ein „Redakteur" hätte sie so, wie wir sie heute lesen können, aus zwei/drei anderen Geschichten zusammengesetzt. Aber ich denke, der wird sich dann ja was dabei gedacht haben – uns interessiert das Endergebnis, also das, was nun in der Bibel steht. Und das hat es in sich!

Um die Geschichte hier komplett abdrucken zu lassen, ist der Text zu lang, aber wir kennen sie ja, und außerdem haben wir sowieso gerade die Bibel neben uns liegen und können den Text mitlesen.

In dieser Erzählung ist manches ganz anders. Das fängt schon damit an, dass nicht mehrere Frauen zum Grab von Jesus kommen, sondern nur Maria Magdalena. Da fragt man sich natürlich: Wo sind die anderen? – Nein, nicht gleich aufregen! Sie sind ja da. Nur kommen sie schon eine Seite vorher vor, in Kapitel 19, Vers 25. Dort stehen sie mit Maria Magdalena *„bei dem Kreuz Jesu"*. Aufregen kann man sich höchstens darüber, dass in jedem der vier Evangelien andere Frauen genannt werden. Nur Maria Magdalena kommt in allen vier Ostergeschichten vor.

Markus nennt eine *Salome*, Matthäus eine *Johanna* und eine *„Mutter der Söhne des Zebedäus"*, aber in den anderen Evangelien ist von diesen Frauen keine Rede. Bei Markus, Matthäus und Lukas, bei allen dreien, gibt es eine sogenannte *„andere Maria"*, die mal *„die Mutter des Jakobus"*, mal *„die Mutter des Joses"*, mal *„die Mutter von Jakobus dem Kleinen und Joses"* und mal *„die Mutter des Jakobus und des Josef"* genannt wird. Wer da nun wer ist und ob es überhaupt immer dieselbe „andere Maria" ist, darüber streiten sich die Gelehrten! Und wenn die schon nicht mehr durchblicken ...! Der katholische Bibelwissenschaftler Rudolf Schnackenburg schrieb bereits 1975 in seinem KOMMENTAR ZUM JOHANNESEVANGELIUM: „Bei der Aufzählung der Frauen ist umstritten, um wie viele Personen es sich handelt" – und das meint er konkret auch zu dem Satz hier kurz vor Beginn dieser Ostergeschichte; dort heißt es: „Bei dem Kreuz Jesu standen *seine Mutter* und *die Schwester seiner Mutter, Maria, die Frau des Klopas*, und *Maria von Magdala*."

Dass hier auch von der *Mutter von Jesus* die Rede ist, in den anderen Evangelien aber nicht, und sie sogar noch eine *Schwester* gehabt haben soll, von der wir mit Sicherheit noch nie was gehört haben, das ist schon verwunderlich ... Und für Kleinbäuerinnen ja auch ärgerlich! Denn dieses ganze Durcheinander zeigt doch, denken sie sofort, dass man in der Kirche schon damals, als die Evangelien geschrieben wurden, Frauen nicht so ganz ernst nahm.

Aber da muss ich eine Lanze für die Bibelschreiber brechen. Wir dürfen ja nicht vergessen, dass sie nicht einen historischen Tatsachenbericht schreiben wollten; sie wollten eine Geschichte erzählen: eine Geschichte darüber, wie man mit dem aufgeweckten Jesus *leben* kann – darauf kommt es ja bei einer Ostergeschichte an. Und wir dürfen genauso nicht vergessen, dass sie ihre Evangelien samt Ostererzählungen für konkrete Christengemeinden geschrieben haben, und die werden gewusst haben, welche Frauen bei der Kreuzigung in Jerusalem wirklich dabei gewesen waren. Ich kann mir daher nur denken – zugegeben: mit meinem Kleinbauernverstand –, dass es ungefähr so gewesen sein muss: Der Markus und der Lukas und so weiter haben Namen von Frauen *aus ihrer Gemeinde* eingesetzt: Frauen aus den eigenen Reihen, an denen man merkte, dass Jesus auch ihnen „erschienen" ist und dass zwischen ihnen und dem aufgeweckten Jesus was läuft in ihren Herzen; Frauen also, die ein *Vorbild* waren, wie man mit Jesus leben kann. Johanna zum Beispiel oder Salome werden solche Frauen gewesen sein. Vielleicht lebten sie noch, vielleicht waren sie auch schon gestorben, aber die Leute in der Gemeinde kannten sie. Sie waren für sie wie ein lebendes Evangelium.

Selbst was die Mutter von Jesus betrifft, muss es so gewesen sein. Bloß war sie natürlich in *allen* Gemeinden als Vorbild bekannt.

Wie gesagt, nur so kann ich mir das mit den unterschiedlichen Frauennamen erklären. Immerhin erklärt sich das Rudolf Schnackenburg in seinem Kommentar zu dieser Stelle auch so. Auf Maria bezogen – aber die anderen Frauen sind mitgemeint –, schreibt er: „Den Weg zum richtigen Verständnis dürfte H. Schürmann gewiesen haben: Maria repräsentiert in ihrem zuversichtlichen Verhalten ... diejenigen, die das Heil von Jesus erwarten." Na bitte! – Ich muss bekennen, dass ich diesen Satz mit Stolz, aber auch mit Demut gelesen habe: mit Stolz, weil dieser „H. Schürmann" im Theologiestudium in Erfurt mein Lehrer und Lieblingsprofessor war; und mit Demut, weil ich dann wohl doch nicht ganz von allein auf diese Erklärung gekommen bin – mein Kleinbauernverstand wird sie wohl mal in einer Vorlesung dieses Professors aufgeschnappt haben.

Jedenfalls: Wenn das so ist mit den Unterschieden bei den Frauennamen, dann ist das doch ein Zeichen dafür, dass die Bibelschreiber die Frauen in der Kirche sehr schätzten! Nicht nur Maria, sondern andere Frauen auch. – Das nur zur Beruhigung für die Kleinbäuerinnen, und damit sie sich nicht weismachen lassen, es wäre in der Kirche immer schon so gewesen wie später dann und heute noch. Wichtig war damals noch nicht, ob jemand ein Mann oder eine Frau ist, sondern ob er ein Kleinbauernherz hat und mit Jesus im Herzen lebt.

Und nun zu Maria Magdalena. So heißt sie übrigens heute nur noch auf Evangelisch; in der katholischen Bibel wird sie *Maria aus Magdala* genannt, was eigentlich auch richtiger ist, denn die griechischen Texte nennen sie wörtlich: *Maria, die Magdalenerin*. Sie stammte nämlich aus einem Ort namens Magdala, einem kleinen Dorf am See Gennesaret. In ihrer Muttersprache hieß sie Mirjam – also wie die Mutter von Jesus, Mirjam aus Nazaret. Ich persönlich habe mir angewöhnt, beide meistens *Mirjam* zu nennen, denn ich glaube, das ist ihnen so am liebsten.

In der Ostergeschichte vom leeren Grab im Johannesevangelium spielen

Mirjam von Magdala und zwei andere Apostel

die Hauptrollen; die anderen Frauen, wie gesagt, werden hier nicht mehr genannt. Als Mirjam sieht, dass *„der Stein vom Grab weggenommen war"*, so beginnt die Geschichte, läuft sie schnell *„zu Simon Petrus und dem anderen Jünger, den Jesus liebte"*; dann kommen auch diese beiden zum Grab. Den einen kennen wir ja: Simon, den Kephas. Aber wer ist der zweite?

Der „andere Jünger" kommt nur im Johannesevangelium vor, und immer ist er nur „der Jünger, den Jesus liebte"; er hat keinen Namen. Erst viel später, in der Zeit der ersten christlichen Theologen, hat man dann gedacht, es könnte der Apostel Johannes sein, also einer von den „Zwölf". Und weil man meinte, der könnte auch der Schreiber des ganzen Evangeliums sein, nannte man diese Schrift „Johannesevangelium". Zwei Fliegen mit einer Klappe, warum auch nicht. – Heute spricht man einfach vom *Lieblingsjünger*, und zu Recht, denn genau das ist mit den griechischen Worten gemeint. So wie ich unter meinen Professoren einen Lieblingsprofessor hatte, so hatte Jesus demnach unter seinen Jüngern einen Lieblingsjünger. Von meinem Lieblingsprofessor fühlte ich mich immer sehr verstanden, sogar als ich nicht mehr ein katholischer, sondern ein normaler Kleinbauer sein wollte; und vor allem spürte ich bei ihm, dass er tief in seinem Herzen mit dem Jesus lebte, von dem er so viel wusste. Und so ähnlich, denke ich mir, muss es Jesus mit dem „anderen" Jünger gegangen sein.

Viele Bibelexperten vermuten allerdings, dass es diesen Jünger gar nicht wirklich gab; er sei eine bewusst erdachte „literarische Gestalt", sagen sie, mit der der unbekannte Schreiber des Johannesevangeliums – nennen wir ihn also Johannes – seiner Christengemeinde sagen wollte: So wie der, so müsst ihr auch werden. Kein schlechter Gedanke, finde ich; aber trotzdem glaube ich, dass es so einen Jünger damals unter den Jüngern wirklich gab. Jedenfalls tät ich's Jesus sehr wünschen.

Mirjam sieht also, dass ---

Ja, sie „sieht", steht im griechischen Text, nicht sie „sah"! Wer jetzt die evangelische Bibel vor sich hat, der hat das wahrscheinlich schon gemerkt. Denn Martin Luther hat völlig richtig übersetzt: Mirjam „*sieht*, dass der Stein vom Grab weggenommen war". Alles Weitere, was Johannes von Mirjam erzählt, wird auf Griechisch ebenfalls in der Gegenwartsform erzählt – weil es sich nämlich jetzt abspielt, jetzt, hier und heute; und weil auch Mirjam von Magdala hier als Vorbild dargestellt wird, nämlich so, dass sich in ihr alle wiedererkennen können, die diese Geschichte *jetzt* hören oder lesen.

Wie bei Markus und Lukas, aber anders als bei Matthäus, ist das Grab laut Johannes also schon leer, als Mirjam ankommt. Doch nicht im Leisesten kommt sie auf den Gedanken, Jesus könne aufgeweckt worden sein. Wie auch! Denn ein leeres Grab ist nun mal kein Grund, an die Auferweckung zu glauben. Wir wissen ja, dazu braucht es ein bisschen mehr! Im Gegenteil: Mirjam denkt – und sagt es den beiden Jüngern auch: *„Sie haben den Herrn aus dem Grab weggenommen."*

Dann kommen die beiden Jünger zum Grab, der Lieblingsjünger zuerst, der Kephas etwas später und gar nicht so begeistert. Der Lieblingsjünger lässt dem Petrus den Vortritt – so jedenfalls erzählt es Johannes, vermutlich aus Respekt vor dessen „päpstlicher" Autorität –, er selbst geht erst nach ihm in die Grabkammer hinein.

Und nun folgen zwei Sätze, die sich scheinbar widersprechen. Vom Lieblingsjünger heißt es, nachdem er in die leere Grabkammer geschaut hatte: *„... er sah und glaubte."* Das klingt so, als ob er, anders als Mirjam, sehr wohl wegen des leeren Grabes glaubte, dass Jesus auferweckt worden ist. Aber direkt danach sagt der Erzähler: *„Denn sie hatten noch nicht die Schrift verstanden, dass er von den Toten auferstehen müsse"* – also „sie", beide Jünger; nicht „er", nicht Petrus bloß, der offenbar nicht glaubte. Von *beiden* heißt es, dass sie wegen des leeren Grabes allein nicht an die Auferweckung glaubten. Man darf also die beiden nicht gegeneinander ausspielen, so, als habe der Lieblingsjünger geglaubt, der Petrus aber nicht, wie es manchmal gepredigt wird.

Wir wissen es natürlich nicht genau, aber vielleicht ist einfach gemeint, dass der Lieblingsjünger wie ein ganz normaler Kleinbauer in seinem Herzen glaubte, dass Jesus nicht einfach weg sein kann. Wie bei Lehmanns Margret damals: Irgendwie glaubten die normalen Dorfkinder ja auch, dass Margret nicht weg sein kann, obwohl die ja nun absolut nicht „die Schrift verstanden" hatten. Und warum haben sie das „geglaubt", also irgendwie gespürt? Na, weil sie Margret liebhatten! So, wie der Lieblingsjünger Jesus lieb hatte ...

Jedenfalls gehen die beiden Jünger wieder heim. *Beide* haben nicht wegen des leeren Grabes an die Auferweckung von Jesus geglaubt, so wie Mirjam auch nicht. Klar, was der Erzähler seinen Leuten in der Christengemeinde damit sagen will ...

Und was Mirjam betrifft, legt er sogar noch nach: Mirjam geht, als die beiden weg sind, selbst in die Grabkammer hinein und sieht dort *„zwei Engel in weißen Gewändern"* sitzen. Aber statt nun wenigstens bei einem solchen Aufgebot des Himmels an die Auferweckung von Jesus zu glauben, fällt ihr wieder nur die eine Erklärung für das leere Grab ein: *„Sie haben meinen Herrn weggenommen und ich weiß nicht, wo sie ihn hingelegt haben."* Jetzt müsste eigentlich auch der Letzte in der Johannesgemeinde kapiert haben, dass man den Glauben an die Auferweckung aus dem Totsein nicht an einem leeren Grab festmachen kann – bei Jesus schon gleich gar nicht!

Und jetzt kommt der Höhepunkt in dieser Ostergeschichte,

die Magdalenensekunde

nämlich. Der Ausdruck stammt von einem Schriftsteller, Patrick Roth heißt er, und beschreibt das Wichtigste – das, worauf es wirklich ankommt im Leben mit dem aufgeweckten Jesus. Was das ist, wissen wir natürlich schon aus dem Antiochenischen Glaubensbekenntnis, aber hier hören wir es noch einmal in der Form einer Erzählung. Diesen Teil schreibe ich nun doch ab, und zwar in der Übersetzung von Fridolin Stier, denn der gibt den griechischen Wortlaut am genauesten wieder:

Sie (Mirjam von Magdala) sprach das und wandte sich zurück – da schaut sie: Jesus steht da. Sie wusste aber nicht, dass es Jesus war.

Sagt Jesus zu ihr: Frau, was weinst du? Wen suchst du? Da wähnt sie, es sei der Gärtner, sagt sie zu ihm: Herr, wenn du ihn weggetragen hast, sprich zu mir, wo du ihn hingelegt hast, damit ich selber ihn weghole.

Sagt Jesus zu ihr: Maria! Die wendet sich um und sagt hebräisch zu ihm: Rabbuni! Das heißt: Lehrer!

Sagt Jesus zu ihr: Halt mich nicht fest! Denn noch bin ich nicht zum Vater aufgestiegen ...

Was hier erzählt wird, versteht man auch ohne große Erklärungen. Es klingt so anrührend, zärtlich geradezu ... Wie eine Liebesgeschichte. Und es ist auch eine.

Vor allem das Wort „*Halte mich nicht fest!*" geht direkt ins Herz ... Doch! Die Übersetzung ist richtig! In der evangelischen Bibel heißt es zwar: „Rühre mich nicht an!", aber das trifft den Sinn nicht ganz. Hier hatte sich Martin Luther zu sehr von der lateinischen Übersetzung leiten lassen. „Noli me tangere!" lautete sie und war damals sehr bekannt, auch durch zahlreiche Gemälde großer Künstler. Der griechische Wortsinn ist aber „Halte mich nicht fest!". So steht es auch in der Einheitsübersetzung. Und was damit gemeint ist, wissen Herzenskleinbauern natürlich sofort: Wenn man jemanden liebt, möchte man ihn so gern „festhalten", ihn immer bei sich haben, ihn wenigstens tief im Herzen immer ganz nahe spüren ... Das ist nun mal so zwischen zwei Liebenden. Aber jeder Kleinbauer und jede Kleinbäuerin weiß auch, dass es problematisch werden kann, wenn man „klammert" und so ... Das kann dann unerträglich werden, für beide irgendwie, für einen von beiden auf jeden Fall.

Aber der Reihe nach. Mirjam kommt zum Grab, weil sie Jesus tatsächlich sehr liebt und weil er, da er hingerichtet wurde und tot ist, ihr nun so sehr fehlt ... Sie kommt nicht, um den Leichnam einzubalsamieren. Das hatten – dieser Ostergeschichte nach – sie und die anderen Frauen schon am Karfreitag gemacht. Denn Johannes erzählt kurz zuvor, am Schluss des 19. Kapitels:

> *Es kam auch Nikodemus, der früher einmal Jesus bei Nacht aufgesucht hatte. Er brachte eine Mischung aus Myrrhe und Aloe, etwa hundert Pfund. Sie (Nikodemus und die Frauen) nahmen den Leichnam Jesu und umwickelten ihn mit Leinenbinden, zusammen mit den wohlriechenden Salben, wie es beim jüdischen Begräbnis Sitte ist.*

Übrigens, „hundert Pfund", das wären nach heutigen Maßeinheiten um die 35 Kilo! Wir merken schon: Hier wird eben erzählt, nicht berichtet!

Mirjam kommt also nicht, um den Leichnam einzusalben, sie will dem Toten nahe sein! Wenigstens dem Toten. Und sie kommt allein, sie will allein sein in ihrem Schmerz – *„sie weinte"*, erzählt Johannes.

Und was dann folgt, führt uns geradewegs zur „Magdalenensekunde". Der Schriftsteller Patrick Roth schreibt davon in seiner Erzählung MAGDALENA AM GRAB, die 2002 als Buch erschien. Sie geht ungefähr so: Es war einmal ein Theaterregisseur, der kam auf die Idee, den Text aus dem Johannesevangelium mit einer Gruppe junger Schauspieler in Szene zu setzen. Beim Einüben, so erzählt Patrick Roth, merkte die Schauspielerin, die die Rolle der Mirjam übernahm, dass da was im Text nicht stimmen kann. Sie klagte den beiden Engeln ihre Not, dann *„wandte sie sich um"*, wie es in der Bibel steht, zu Jesus hin, den Mirjam für den Gärtner hielt – weil dem Johannesevangelium nach sich das Grab nämlich in einem Garten befindet, wie es am Schluss des 19. Kapitels heißt –, und klagt mit Mirjams Worten auch ihm ihre Not. So weit, so gut; alles nach „Drehbuch". Aber als der Gärtner, also der unerkannte Jesus, sie mit ihrem Namen anspricht, kommt die Schauspielerin ganz durcheinander: Sie will den Kopf heben und ihn anschauen – doch im Text steht ein zweites Mal: *„Da wandte sie sich um."* Würde sie das jetzt so nachspielen, würde sie sich ja wieder von ihm wegwenden ... das haut doch nicht hin! – Die junge Schauspielerin weiß Rat: Da fehlt ein Satz im „Drehbuch", denkt sie sich, und geht, anders als es im Text steht, erst mal am Gärtner vorbei, sodass sie ihn in ihrem Rücken hat; und als der ihren Namen sagt, wendet sie sich um, zu ihm hin. Jetzt haut's hin mit dem zweimaligen Umwenden.

Aber dieses zweite Sich-Umwenden, sagt der Schriftsteller, ist eigentlich mehr als ein körperliches Sich-Umdrehen. Es geschieht, so wird ihm klar, nicht außen, sondern innen: Die Mirjam in dieser Ostergeschichte wollte Jesus am liebsten, wie bisher, mit den äußeren Augen sehen – aber dann wendet sie den Blick „nach innen", schreibt Patrick Roth, und dort, *in ihrem Herzen*, erkennt sie ihn. Diesen Moment, in dem Mirjam den Blick von außen nach innen wendet, nennt er die „Magdalenensekunde": die „Sekunde der Wendung", die „Sekunde der Wiedererkennung".

Die Bibelwissenschaftler hatten natürlich längst schon gewusst, dass beim zweimaligen Umwenden ein Umwenden zu viel ist – auch sie lesen ja die Texte sehr aufmerksam. Aber sie hatten sich das damit erklärt, dass Johannes beim Zusammenfügen mehrerer Einzelgeschichten zu dieser einen Geschichte nicht ganz so aufmerksam gewesen war wie sie. Er wird wohl, dachten sie, das Umwenden, das in zwei Geschichten vorkam, versehentlich an der zweiten Stelle nicht weggestrichen haben. Doch nun konnten sie etwas Neues lernen – von einem Schriftsteller, von einem, der gar nicht zu ihrer Zunft gehört. Nämlich dass Johannes *absichtlich* erzählt hat, dass Mirjam sich zweimal umwendet!

Wenn ich diese Ostererzählung des Johannes lese und wenn ich mich einzufühlen versuche in seine Mirjam, die ja auch *mein* Leben mit dem aufgeweckten Jesus versinnbildlicht, dann ist mir klar, was Johannes seinen Christen sagen will: Du musst dich nach innen wenden! Dort innen, in deinem Herzen, lässt sich der aufgeweckte Jesus erkennen. Und erst wenn er dir da im Innern „erscheint", findest du die Gewissheit, dass er nicht weg ist – dass er aufgeweckt worden ist und lebt.

Nein, von allein und aus eigenem Bemühen geht das freilich nicht. Die Initiative, das haben wir uns ja schon im Oster-*Gedicht* klargemacht, geht von Gott und von Jesus selber aus. Er *lässt* sich „sehen", erkennen, erahnen, erspüren ... Und das erzählt Johannes in seiner Oster-*Geschichte* dann so: *„Sagt Jesus zu ihr: Mirjam! Die wendet sich um und sagt zu ihm: Rabbuni!"* – *Das* ist die „Magdalenensekunde"! Die musste der Schriftsteller nicht erst in den Text einbauen. Er hat sie vielmehr entdeckt, sie steht schon drin im „Drehbuch" des Johannes!

Auch in meinem Leben gab es solche „Magdalenensekunden" immer wieder mal, und im Leben so vieler Kleinbäuerinnen und Kleinbauern ebenfalls ... Hätten wir denn sonst etwas laufen mit Gott und seinem Jesus in unseren Herzen?

Klar, dass wir ihn gern „festhalten“ wollen. Das kennt jeder von uns. Aber nur wenn wir ihn „loslassen“, ihn *frei* lassen, ihm sagen: „Du darfst mir spürbar nahe sein, und du darfst mir auch – scheinbar – fern sein; ich vertrau dir, dass du da bist ...“, nur dann kann unser Glaube aus den Kinderschuhen herauswachsen. Wer klammert, liebt doch nicht! Er liebt mehr seine Liebesgefühle. Glücklich und frei wird er damit überhaupt nicht. Und mit der Liebe zu Gott und zu Jesus ist es genauso.

Man kann das alles bloß so schwer in Worte kriegen ... Gut, dass es wenigstens Ostern mal wieder ausgesprochen wird – nicht mit kirchenchinesischen Katechismusvokabeln und so, sondern mit dieser Geschichte. Da kann man wirklich was fürs Leben lernen, fürs Leben mit Gott und seinem Jesus und fürs Leben als Kleinbauern miteinander.

Mirjam läuft dann zu den Jüngern. Jetzt klagt sie nicht mehr, sie hätten ihr „den Herrn weggenommen“, jetzt kann sie ihnen „verkünden“: *„Ich habe den Herrn gesehen ...“* – nicht mit den äußeren Augen eben, sondern mit den Augen des Herzens.

Und die Jünger?

Mirjam kann sie nicht überzeugen. So, wie auch das leere Grab die Jünger nicht überzeugt hat, nicht mal den Kephas, und den Lieblingsjünger auch nicht so richtig. Sie haben *„die Türen verschlossen“* aus lauter Furcht, erzählt Johannes weiter. Erst als Jesus höchstpersönlich *„in ihre Mitte trat“*, passiert was auch in ihren Herzen.

Und natürlich trat er nicht äußerlich sichtbar in ihre Mitte. Er kommt ja als der aufgeweckte Jesus, und wir wissen ja, dass ein von Gott Aufgeweckter einen „überirdischen Leib“ hat, also für die äußeren Augen unsichtbar ist – das wussten auch die Christen in der Johannesgemeinde. In seiner Geschichte erzählt es Johannes freilich so, als sei er sichtbar erschienen, sogar mit den Wunden von der Kreuzigung am Leib. Aber wie soll er es denn sonst erzählen?! Für alles, was innerlich im Herzen geschieht, noch dazu so Tiefes und Berührendes, gibt es nun mal keine richtigen Worte.

Früher haben die Osterprediger gesagt, Jesus sei mit einem „verklärten“ Leib erschienen; das war völlig richtig, bloß haben sie trotzdem so davon geredet, als sei der „verklärte Leib“ sichtbar gewesen. So habe ich's jedenfalls als Jungkleinbauer in der Kirche auch immer gehört – und es hat mich kein bisschen gläubiger gemacht, im Gegenteil: Dann gingen die Fragen erst so richtig los!

Auch redet der aufgeweckte Jesus natürlich nicht akustisch. Alles, was er als Auferstandener „sagt“, ist ihm von den Erzählern in den Mund gelegt, hier also von Johannes. Sie wussten ja, was er auf Erden gesagt hatte und was seine Herzensanliegen waren, daher konnten sie in seinem Sinne sprechen. Und vor allem konnten sie sich gut in ihn und seine Herzensanliegen einfühlen, ganz besonders Johannes – weshalb sich mein Lieblingsprofessor fragte, ob nicht der Verfasser des Johannesevangeliums vielleicht doch eher eine „Johanna“ gewesen sei.

Hier in dieser Ostergeschichte also „sagt“ der auferstandene Jesus zu den Jüngern: *„Friede sei mit euch! Wie mich der Vater gesandt hat, so sende ich euch“*, dann, nachdem er sie „anhauchte“: *„Empfangt den Heiligen Geist!“*, und danach: *„Denen ihr die Sünden erlasst, denen sind sie erlassen; denen ihr sie behaltet, sind sie behalten.“*

Die ersten drei Sätze davon sind irgendwie verständlich, aber was ist mit dem letzten Satz? Das mit dem „behalten" ist doch nicht mal richtiges Deutsch! – Nun ja, im Griechischen steht's tatsächlich so; übersetzt ist es richtig, in der evangelischen wie in der katholischen Bibel, wenn auch in der Wortwahl sehr schlecht. Was ist also gemeint?

Die Antwort lautete jahrhundertelang: Jesus hat hier den zwölf Aposteln – und in deren Nachfolge auch den Bischöfen – die Vollmacht gegeben, im Namen Gottes Sünden zu vergeben und im Namen Gottes Sünden nicht zu vergeben. Aber das ist ein typischer Fehler beim Bibellesen: Es ist nicht rausgelesen, sondern reingelesen in den Bibeltext. Denn erstens spricht Jesus hier zu den „Jüngern", also nicht nur zu den „Zwölf", sondern auch zu den anderen Frauen und Männern, die mit ihm nach Jerusalem gekommen waren; Apostel hatten doch damals kein Extraquartier! Und zweitens hat Jesus immer gesagt, *wir alle* sollen einander vergeben, sogar nicht nur sieben Mal, sondern siebenundsiebzig Mal; *einander vergeben* ist doch auf Erden sein Herzensanliegen gewesen. Also kann doch mit dem Satz „denen ihr sie behaltet, sind sie behalten" nicht die „Vollmacht" gemeint sein, noch dazu nur für bestimmte Leute, jemandem nicht zu vergeben. Von „Vollmacht" ist im Text sowieso nicht die Rede.

Ich kann mir den Sinn dieser Worte nur so erklären: Einem anderen vergeben, was er an Unrecht getan hat, ist so ziemlich das Beste, was ich ihm tun kann. Denn vergebe ich ihm nicht, wenn er sein Unrecht einsieht, dann *lege ich ihn fest* auf das, was er getan hat: dann „behalte" ich ihm sein Unrecht; und dann hat er keine Chance, wieder im Frieden mit mir zu leben – dann bleibt unsere Beziehung gestört; und mit sich selbst im Frieden kann er dann auch nie so richtig sein. – Johannes lässt also den aufgeweckten Jesus *zu uns allen* sagen: Vergebt einander und schafft dadurch Frieden und Gemeinschaft miteinander! *Das* ist gemeint.

Und dann erzählt Johannes gleich anschließend von Thomas. Der wird immer

der „ungläubige Thomas"

genannt, aber so ungläubig ist der in dieser Geschichte gar nicht – ihm geht's nur, wie es vielen geht: Er will ja glauben, dass Jesus nicht weg ist, und irgendwie glaubt er es auch. Aber es ein bisschen „greifbarer" zu haben, das wäre schon nicht schlecht ...

„Wenn ich nicht das Mal der Nägel an seinen Händen sehe und wenn ich meinen Finger nicht in das Mal der Nägel und meine Hand nicht in seine Seite lege, glaube ich nicht", lässt Johannes den Thomas sagen. Warum macht er das, der Johannes, meine ich; warum legt er dem Thomas diese Worte in den Mund?

Weil es eben auch damals schon Menschen gab, die am liebsten einen Beweis dafür gehabt hätten, dass die Verstorbenen aufgeweckt werden. Und Johannes weiß das. Aber diesen Beweis gibt es eben nicht, auch für die Auferweckung von Jesus nicht. Weil es einen Beweis, also so richtig sichtbar für die Augen, gar nicht geben kann!

Noch mal: Alles, was nach dem Sterben ist, gehört zur „himmlischen", also göttlichen Daseinsart, nicht zur irdischen, und die göttliche Daseinsart ist nun mal weder für die Augen noch für eine Kamera sichtbar, und anfassbar ist ein Aufgeweckter auch nicht.

Dann, *„nach acht Tagen"*, so erzählt Johannes weiter, kommt Jesus wieder zu den Jüngern. Johannes lässt Jesus zu Thomas sagen: *„Streck deinen Finger hierher aus und sieh meine Hände! Streck deine Hand aus und leg sie in meine Seite und sei nicht ungläubig, sondern gläubig!"* Jesus, will also Johannes sagen, hat volles Verständnis für Thomas – und für Menschen, die es auch gern so greifbar hätten wie er. Und was macht Thomas?

Auf manchen alten Gemälden kann man sehen, was Thomas macht: Er streckt die Finger aus und ---

Nein, das macht er eben nicht! Davon steht in der Geschichte des Johannes nichts! Das haben sich die Maler nur gedacht, wahrscheinlich weil sie den Bibeltext gar nicht selbst gelesen haben, sondern es in den Predigten so gehört hatten!

Dem Thomas in dieser Ostergeschichte genügt es völlig, dass Jesus ihm „erschien", sich ihm im Herzen „zeigte", so wie der Mirjam und den anderen Jüngern auch. Deshalb kann er sagen: *„Mein Herr und mein Gott!"* – zutiefst berührt und bewegt; und ehrlich.

Die zwei Sätze, die Johannes dann Jesus in den Mund legt, sind kein Vorwurf an Thomas und seinesgleichen, also an uns Kleinbauern. Ganz im Gegenteil!

Der erste Satz ist an Thomas gerichtet und lautet: *„Weil du mich gesehen hast, glaubst du."* Das Wort „gesehen" meint hier nicht sehen mit den körperlichen Augen, wie unaufmerksame Leute da hineinlesen. Erstens ginge das sowieso nicht, weil doch der „überirdische" oder „verklärte Leib" des aufgeweckten Jesus unsichtbar ist; und zweitens wird ja vorher gar nicht erzählt, dass Thomas die Wunden von Jesus berührt, also in diesem äußerlichen Sinne „gesehen" hätte, dass Jesus lebt. Nein, dieser Satz ist positiv gemeint! Er drückt einfach aus, warum ein Mensch an die Auferweckung glauben kann: Weil du mich *im Herzen* „gesehen" hast, weil ich dir „erschienen" bin, *deshalb* glaubst du! Genau so ist es doch. So war's bei Petrus und Mirjam, und bei mir war es auch so und bei allen, die von Jesus nicht mehr loskommen.

Erst im zweiten Satz ist von einem körperlichen Sehen die Rede: *„Selig sind, die nicht sehen und doch glauben"* – die also nicht mit den äußeren Augen sehen und dennoch glauben.

Dass es sich hier um zwei verschiedene Arten von „sehen" handelt, kriegt man freilich im Deutschen kaum mit. Im Griechischen ist das leichter herauszuhören, weil in jedem der beiden Sätze eine andere Wortform für „sehen" steht.

Und dieser zweite Satz ist nicht an Thomas gerichtet – er ist an alle gerichtet, die eben gern einen sichtbaren Beweis für die Auferweckung hätten. Aber auch dieser Satz ist kein Vorwurf, sondern echte Pastoral und Seelsorge! Der Professor Rudolf Schnackenburg schreibt: Johannes will „seine Leser zu einem vertieften Christusglauben führen"; es geht ihm darum, „die Gläubigen zum Auferstandenen selbst hinzuführen, der für ihn bleibende, lebendige Wirklichkeit ist." – Bloß gut also, dass dieser Teil der Ostergeschichte wenigstens am Sonntag nach Ostern in den Gottesdiensten vorgelesen wird.

So weit die Ostergeschichte des Johannes. Danach folgt im Johannesevangelium noch ein weiteres Kapitel mit Ostererzählungen. Doch das wurde erst

viel später drangehängt

– um das Jahr 150 herum; da war Johannes oder Johanna längst schon selber auferstanden. Gleich am Anfang dieses

„Nachtragskapitels" oder „Epilogs", wie die Bibeltheologen es heute nennen, wird dort zum Beispiel erzählt, dass der auferstandene Jesus dem Petrus und einigen anderen Jüngern am See Gennesaret beim Fischen „erschien" und ihnen an einem „Kohlenfeuer" am Ufer „Brot und Fisch" zu essen gab. Auch das ist natürlich eine Erzählung, nicht ein Tatsachenbericht. Vielleicht ist sie aus der ähnlichen Erscheinungsgeschichte im Lukasevangelium (Kapitel 24, ab Vers 36) entstanden, die ziemlich deftig erzählt, der aufgeweckte Jesus habe vor den Augen der erstaunten Jünger „ein Stück gebratenen Fisch" gegessen.

Ein Pfarrer, der schon zehn Jahre länger als ich die Osterbotschaft verkündet und bis heute, in schon fast biblischem Alter, „Brot und Fisch" des auferstandenen Jesus weitergibt, schrieb mir mal zu diesen Bibelstellen: „Was haben wir uns früher in den Ostertagen predigtmäßig gequält! Weihejahrgang 1967! Hat der auferstandene Jesus nun von dem Fisch gegessen oder nicht? Und wenn ja, wie war das dann eigentlich bei ihm mit dem Stoffwechsel?" – Klar, dieser Pfarrer ist, wie so viele andere Pfarrer auch, ein Kleinbauer durch und durch, und die stellen sich eben solche Fragen, solche ganz konkreten ...

Auch bei Lukas und bei Matthäus geht es nach der Geschichte vom „leeren Grab" mit Erzählungen über den aufgeweckten Jesus weiter. Lukas – nur Lukas – erzählt noch, der aufgeweckte Jesus sei vor den Augen der Jünger *„in den Himmel emporgehoben"* worden; das erzählt er sogar zweimal, am Schluss seines Evangeliums und noch mal am Anfang seiner Apostelgeschichte – und jedes Mal anders: Auch das ist also bildhaft gemeint. Und bei Markus gibt es ja dann noch die ebenfalls später angehängte Zusammenfassung von alldem.

Aber dazu schreibe ich hier nichts. Erstens, weil ich in diesen späten Ostergeschichten manches selber auch nicht verstehe, auch mithilfe der gelehrten Theologenbücher nicht. Und zweitens, weil Kleinbauern, ob Fischer, Brotbäcker oder Pfarrer, die einmal verstanden haben, worum es in den Ostererzählungen geht und was das Wichtigste ist im Leben mit Gott und seinem Jesus, damit von alleine klarkommen. Nichts ist ja für Kleinbäuerinnen und Kleinbauern schlimmer, als mit unnötigen Belehrungen von ihrer Arbeit in „Galiläa" abgehalten zu werden.

Nur eine einzige Ostergeschichte will ich noch herausgreifen, sie ist nämlich ausdrücklich für die Zeit gedacht, die wir mit unserer Arbeit verbringen:

die Emmauserzählung

aus dem Lukasevangelium, Kapitel 24. In den Gottesdiensten wird sie am Ostermontag vorgelesen – an dem Tag, an dem Kleinbauern meistens schon mit ihren Gedanken wieder auf dem Acker sind. Sie ist sehr lang. Viel zu lang an einem zweiten Feiertag. Für Kleinbauern von heute jedenfalls, egal ob vom Dorf oder aus der Stadt. Falls der Pfarrer nicht Erbarmen hat und die Kurzfassung vorliest.

Ganz ehrlich mal: Ich habe die Emmauserzählung nun schon so oft gehört, gelesen und vorgelesen, aber wenn ich sie jetzt auswendig nacherzählen sollte, hätte ich Probleme ... – sie ist auch für mich einfach zu lang, als dass ich mir jeden Satz merken könnte. Hinzu kommt ja noch, dass sie eigentlich weitergeht – das mit dem „Stück gebratenen Fisch" und so (ab Vers 36) gehört auch noch mit dazu.

Außerdem muss ich bekennen, dass ich auch diese Ostererzählung nicht gänzlich verstehe. Gott sei Dank habe ich dabei die meisten Bibelwissenschaftler auf meiner Seite. Denen ist darin nämlich auch manches ein Rätsel.

Das geht schon damit los, dass um Jerusalem herum weit und breit kein Ort auszumachen ist, der damals *Emmaus* – oder auf Aramäisch wenigstens so ähnlich – geheißen hätte. „*Sechzig Stadien von Jerusalem entfernt*“ soll er gelegen haben, das sind 11,5 Kilometer. Aber wo genau? „Emmaus“ bedeutet „warme, wärmende Quelle“ – könnte das ein Hinweis sein? Könnte es sich um einen Ort mit einer Art Thermalbad handeln? Solch ein „*Dorf*“, wie Lukas diesen Ort nennt, könnte es tatsächlich gegeben haben: das im Sechs-Tage-Krieg entvölkerte Amwas. Aber das liegt etwa 30 Kilometer von Jerusalem entfernt. Trotzdem hat man schon in den ersten Jahrhunderten an diese Möglichkeit gedacht. In damaligen Abschriften des Lukasevangeliums wurden deshalb aus sechzig Stadien „hundertsechzig Stadien“ gemacht, das wären 31 Kilometer. Doch wäre eine solche Strecke an einem Tag zu Fuß hin und zurück überhaupt zu schaffen gewesen?

Oder die beiden Jünger: Der eine hat keinen Namen, der andere heißt „*Kleopas*“ – aber diesen Namen gibt es sonst nirgends in der Bibel. Sollte es sich um den „Klopas“ bei der Aufzählung der Frauen unterm Kreuz handeln, bloß ohne „e“, also um den Sohn der uns völlig unbekannten Schwester der Mutter von Jesus, laut Johannes?

Und viele weitere Fragen kommen hinzu. Für Leute, die den Text wortwörtlich nehmen und als Bericht verstehen, sowieso – falls sie mal Zeit hätten, darüber nachzudenken: Wie kann es sein, zum Beispiel, dass die beiden Jünger, die doch monatelang mit Jesus zusammen gewesen waren, ihn erst mal stundenlang nicht wiedererkennen? Hätten sie ihn nicht wenigstens an den Wundmalen erkennen können, zumindest an den Händen, *„als er das Brot brach"*? Und als er dann *„ihren Blicken entschwand"*, hat er sich denn da in Luft aufgelöst?

Klar, die Emmauserzählung ist kein Bericht, sondern eine Geschichte. So wie alle Ostertexte in den Evangelien. Sie wurde, sagen die Bibelexperten, wahrscheinlich schon lange vor Lukas erzählt – von Kleinbauern, von wem sonst! –, und Lukas hat sie dann zu Papier gebracht und in sein Evangelium mit aufgenommen. Aus gutem Grund: weil man auch aus ihr, obwohl sie sehr lang ist, das Wichtigste heraushören kann und das, worauf es ankommt im Leben mit dem aufgeweckten Jesus.

Für mich ist hier das Wichtigste das, was Lukas direkt an die Emmausgeschichte anfügt – erst recht, seit ich weiß, was im griechischen Originaltext steht. Lukas lässt dort *„die Elf"* zu den beiden Emmausjüngern sagen: „Der Herr ist wahrhaft *aufgeweckt worden (egérthe)*". Und er lässt die Elf auch sagen, dass Jesus dem Simon *„erschien (óphthe)"* – darauf kommt es doch an! Wenn einem das beides klar ist, dann kann man mit Jesus leben, auch bei der Arbeit. Vor allem bei der Arbeit – auf dem Acker oder in der Küche und im Garten eben, jedenfalls in „Galiläa".

Was mir auch sofort einfällt, wenn ich an die Emmausgeschichte denke, ist der Satz: *„Brannte uns nicht das Herz in der Brust, als er unterwegs mit uns redete und uns den Sinn der Schrift erschloss?"* – Die neue Generation der Einheitsübersetzer hat die Formulierung ein bisschen abgeändert, mehr so wie in der korrekteren, aber etwas holprigen Übersetzung von Martin Luther; na gut, in meinem Herzen haben sich die Worte jedenfalls so eingeprägt. Und wenn ich dann über sie nachdenke, fallen mir Momente in meinem Leben ein, in denen auch mir „das Herz in der Brust brannte":

– in Gesprächen über *„den Sinn der Schrift"* zum Beispiel, wie damals mit Norbert Baumert und wie schon in meiner Jungkleinbauernzeit mit meinen Eltern, wenn wir uns am Sonntag beim Mittagessen über die Predigt unterhielten;
– oder manchmal beim Lesen in einem Buch: Bücher sind ja auch wie ein Gespräch mit jemandem;
– oder in Begegnungen mit Menschen, denen ebenfalls „das Herz brennt": Da springt manchmal richtig der Funke über! Das passiert mir sehr oft, allerdings immer nur mit Kleinbauern, und mit Kleinbäuerinnen natürlich;
– oder in einem Gottesdienst, also beim „Brotbrechen", als Jesus *„mit ihnen bei Tisch war"*, wie es in der Emmausgeschichte heißt: meistens in einem eher stillen Gottesdienst und wenn der da vorn am Altar nicht „die Messe liest" oder „die Liturgie feiert" oder sich und die Kirche sonst irgendwie in Szene setzt, sondern mit dem Herzen selber auch bei Jesus ist ...

Wenn ich die Emmausgeschichte dann wieder mal höre oder lese, denke ich: Genau das könnte gemeint sein! Bloß in Bildsprache, als bildhafte Erzählung eben.

Und der Kleopas, könnte das vielleicht einer aus der Gemeinde von Lukas sein, jemand wie Salome oder Johanna oder so? Also ein Mensch, von dem irgendwie was ausstrahlt ... Wäre ich damals Evangelienschreiber gewesen, hätte ich es jedenfalls auch so gemacht wie Lukas; ich hätte den Namen von solch einem Menschen in die Geschichte mit eingeflochten, ein solches „lebendiges Evangelium", das den Leuten viel mehr sagt als die schönste Ostergeschichte!

Aber ist dann vielleicht der andere Jünger, der keinen Namen hat – bin das dann vielleicht ich selber, einer, der seinen Glauben solchen „Kleopassen" verdankt? Klarnamen fallen mir sofort ein ... Wollte Lukas also damit sagen, dass man mehr mit solchen suchenden und ringenden Menschen *„unterwegs"* sein sollte als mit Leuten, die immer so tun, als hätten sie den Glauben mit Löffeln gefressen und müssten andere missionieren?

Inzwischen ist es mir eigentlich ziemlich egal, wo das Dorf Emmaus gelegen hat. Worauf es ankommt, ist doch, dass man eine *warme, wärmende Quelle* hat, an der sich das Leben mit dem aufgeweckten Jesus, mit seinem Abba und seinem Heiligen Geist immer wieder erwärmen kann: Begegnungen, Gespräche, Bücher, Gottesdienste, vielleicht auch bestimmte Orte ... und Menschen vor allem. Daran kann man sich dann als Kleinbauer auch bei der Arbeit auf dem Acker erinnern – und dabei an Jesus denken, mitten in „Galiläa".

Matthäus lässt den aufgeweckten Jesus ganz am Schluss seines Evangeliums sagen: „Ich bin mit euch alle Tage bis zum Ende der Welt"; auf Evangelisch: „Ich bin bei euch alle Tage bis an der Welt Ende." Das soll auch der Schlusssatz in diesem Osterbuch sein, nur ein bisschen genauer übersetzt. Denn im Originaltext ist weder vom „Ende" noch von der „Welt" die Rede, sondern von „Vollendung" oder „Ziel" und von der „Weltzeit" oder „Erdenzeit". Kleinbauern wie Matthäus und wir gehen doch nicht einem Ende entgegen, sondern einem großen Ziel! Und die Welt, in die Gott uns hineingestellt hat, nehmen wir mit. Dann werden wir das in Vollendung sein, was wir jetzt schon sind und immer mehr werden wollen: Kleinbauern eben. Miteinander und mit Jesus, dem besten Kleinbauern der Welt. – Ich höre Jesus so zu uns sagen: *„Ich bin bei euch, an allen Tagen, bis ans Ziel der Zeit."*

Inhalt

Weitere Bücher von Reinhard Körner im St. Benno Verlag

Reinhard Körner
Wie Jesus zur Welt kam
Ein Weihnachtsbuch für Kleinbauern und solche, die es werden wollen
80 Seiten, 12,5 × 19,5 cm, gebunden
ISBN 978-3-7462-5974-1

„Eigentlich dachte ich, dass ich über den Kleinbauern Jesus schon alles Wichtige gesagt hätte ...“, so beginnt P. Reinhard Körner sein Buch. Doch ein großes Thema fehlte noch in seinen drei „Kleinbauern“-Bestsellern: Weihnachten. Überraschend, tiefgehend und doch mit Leichtigkeit „beackert“ der Autor nun alles, was uns Bibel und Tradition von der Geburt Jesu berichten. Und natürlich lässt er mit gewohntem Humor auch das Kleinvieh und den Mist im Stall nicht aus.

Reinhard Körner
Das
Vaterunser
Spiritualität
aus dem Gebet Jesu
benno

6. Auflage

Reinhard Körner
Credo
Mein christliches Glaubensbekenntnis
96 Seiten, 11,5 × 16 cm, gebunden,
durchgehend zweifarbig gestaltet
ISBN 978-3-7462-5749-5

Reinhard Körner meditiert in „Credo" das Apostolische Glaubensbekenntnis, mit dem Christen auf aller Welt ihren Glauben bekennen. In sehr persönlichen und authentischen Worten beschreibt er, was dieses Bekenntnis für ihn bedeutet, und lässt die Mitte des Christentums auf diese Weise kraftvoll lebendig werden.
„Credo" ist ein Buch für Christen und Nichtchristen, die die „Innenseite" des Glaubens kennenlernen möchten. Es ist ein Plädoyer ganz besonderer Art für einen lebendigeren, natürlichen Glauben frei von Scheuklappen und Begegnungsängsten. Eine beeindruckende Lektüre, die zur Selbstbetrachtung und zum Dialog anregt.

6. Auflage

Reinhard Körner
Warum ich an das ewige Leben glaube
Ein persönliches Bekenntnis zur christlichen Hoffnung
160 Seiten, 11 × 19 cm, gebunden
durchgehend zweifarbig gestaltet
ISBN 978-3-7462-5115-8

P. Reinhard Körner setzt sich in diesem Buch mit der Frage nach dem ewigen Leben auseinander. Theologisch fundiert, aber zugleich existentiell und sehr persönlich erzählt Pater Körner, warum er an ein Leben nach dem Tod glaubt und wie die persönliche Antwort auf die Frage, was nach dem Tod kommt, auch die Lebenseinstellung hier und jetzt prägt. Dabei berichtet er von seiner Krankheit, die zu einem entscheidenden Wendepunkt in seinem Leben wurde. „Wenn der Tod nicht das Ende ist, dann leben wir ab jetzt schon ewig, und das prägt jetzt schon die Stimmung an Bord." Ein ermutigendes Buch, das Trost und Kraft gibt und zum Glauben einlädt und anregt.

2. Auflage

Reinhard Körner
Gott, ihr Drei
– und wie wir Menschen zusammengehören
80 Seiten, 10,5 x 16,5 cm, Klappenbroschur
ISBN 978-3-7462-5796-9

Für P. Reinhard Körner ist Dreifaltigkeit kein abstrakter theologischer Begriff, sondern eine lebendig erfahrbare Gewissheit. Er nimmt den Leser mit auf die Entdeckungsreise seiner persönlichen Glaubensgeschichte: hin zu dem einen Gott in drei Personen - zu Gott, der Gemeinschaft ist. In der geistlichen Literatur aus Vergangenheit und Gegenwart, in der Kunst und in der Theologie findet er diese heute weithin „vergessene" christliche Gottessicht wieder.

Reinhard Körner
Was mich bewegt
Unsere Chance in einer schweren Zeit
80 Seiten, 12,5 × 19,5 cm, gebunden,
durchgehend zweifarbig gestaltet
ISBN 978-3-7462-5907-9

In diesem Buch beschreibt Reinhard Körner die Chancen, welche die Corona-Krise jedem Einzelnen, der Gemeinschaft der Kirche, der Gesellschaft und der gesamten Menschheit bietet. Dabei spricht er sowohl zu den Gläubigen als auch zu denen, die nicht an Gott glauben. Denn sein Plädoyer beruht auf der Einsicht: „Gottes Volk ist die Menschheit, nicht nur die Kirche".

Reinhard Körner

Lose Blätter, zugeweht – Wie Weisheit zu uns sprechen kann

– 40 Anstöße, größer zu denken

144 Seiten, 13 x 18,5 cm, gebunden

ISBN 978-3-7462-5855-3

Gott spricht nicht mit Blitz und Donner, sondern im sanften Säuseln des Windes. Ausdrucksstark zeigt das ein Bild des beliebten Malers Sieger Köder. Dieses Elija-Bild ist für P. Reinhard Körner zum Leitbild geworden. Gott erfahren wir nicht in den großen Wundern und weltbewegenden Ereignissen, sondern in den kleinen alltäglichen Dingen: Büchern, der Bibel, Musik, Poesie und Kunst. Der erfolgreiche Autor und Exerzitienmeister hat 40 ihm unverhofft vom Heiligen Geist „zugewehte" Eingebungen über Jahre hinweg gesammelt. Ein bunter Strauß loser Blätter, aus dem Sie sich Anregungen als spirituelle Miniaturen für Ihr eigenes Leben pflücken können.